AF277151

La risa clara de un piano en Serón

Francisco J. Giménez-Rodríguez

INSTITUTO DE ESTUDIOS ALMERIENSES
Colección Biografía. Nº 6

Remedios Martínez. La risa clara de un piano en Serón
© Textos: Francisco J. Giménez-Rodríguez
© Ilustración cubierta: Remedios Martínez en la casa familiar. Serón (c.1912). Firma de Remedios Martínez (1916)
© Coedición: Diputación de Almería. Área de Cultura, Cine e Identidad Almeriense. Instituto de Estudios Almerienses. Ayuntamiento de Serón
ISBN: 978-84-8108-773-4
Dep. Legal: 3583-2024
Primera edición: 2024
Maquetación: César Vaquero - SumiGraf
Imprime: Imprenta Provincial Diputación de Almería
Impreso en España

La Diputación de Almería no se hace responsable de las ideas u opiniones expresadas por el autor.

Se prohíbe la reproducción, total o parcial, de esta obra –incluido el diseño tipográfico y de portada sea cual fuere el medio, electrónico o mecánico, sin el permiso previo de esta institución.

¡Qué bien le viene al corazón
su primer nido!

Juan Ramón Jiménez,
A mi madre
(1917)

A su hija Remedios, mi madre
[en su LXXX aniversario],
por darme el piano,
la vida y el amor,
mi primer nido.

Índice

Agradecimientos

Esta biografía nace del interés del Ayuntamiento de Serón y del Instituto de Estudios Almerienses por difundir la figura de la pianista Remedios Martínez. La investigación para escribirla ha sido un proceso laborioso de reconstrucción de un mundo casi perdido, que ha sido posible gracias a la colaboración de diversos centros de investigación, como el Archivo del Real Conservatorio Superior de Madrid, el Archivo Histórico Provincial de Málaga, el Archivo Histórico Provincial de Almería, el Archivo Municipal Adela Alcocer (Almería) y ya en Serón, el Archivo Histórico Municipal, el Registro Civil y el Archivo de la Iglesia Ntra. Sra. de la Asunción.

Sin embargo, las colaboraciones más valiosas vinieron de personas que se tomaron un especial interés en este proyecto: Manuel Espadafor, que me proporcionó todos los documentos, información y escritos que había realizado sobre la pianista en los últimos años; María Giménez, que inició conmigo nuestras investigaciones sobre la pianista; Manuel Domene, Alcalde de Serón, que acogió el proyecto con entusiasmo; Juan Antonio Acien, Párroco de Serón, que abrió las puertas de la Iglesia y el archivo; F. Javier F. Espinosa, que me guio por el Archivo Municipal de Serón; Caridad López, Tte. Alcalde de Serón, siempre dispuesta a facilitar toda la información y documentos; Agustín Azor, Secretario del Ayto. de Serón, que nos permitió consultar las actas y "okupar" su despacho; Florencio Castaño, estudioso de la historia de Serón, que me ofreció generosamente sus trabajos y documentos; Juan Torreblanca, donde quiera que esté, que impulsó el conocimiento de las mujeres del Valle del Almanzora; Fernando Gilgado, del Archivo del Conservatorio de Madrid, presto siempre a enviarme todos los datos que encontró allí; Helena Martínez, investigadora que ha compartido conmigo valiosa información; Pilar Plaza, que me relató algunos recuerdos sobre su abuelo, el "Maestro Música"; y Marina Cano, que escribió primorosamente sus recuerdos sobre la pianista.

Esta investigación —que atraviesa el tiempo—, habría sido imposible sin Gloria —que atraviesa la vida conmigo—. Sin su ayuda, sin su mirada y sus ideas, ... sin nuestra vida este libro no estaría aquí.

Más que nada, este libro es una vuelta a mis orígenes, a Almería y a Serón, a mis abuelos y a mis padres, que me dieron la música, y especialmente a mi madre, Remedios —hija de la pianista—, que me transmitió su amor por los libros, la cultura y la música —que nos hace más humanos y más libres—, y me ha dado el piano, la vida y el amor, mi primer nido.

Abreviaturas

AA	Acuerdos del Ayuntamiento
AcA	Actas del Ayuntamiento
ADA	Archivo de la Diputación de Almería
AHN	Archivo Histórico Nacional
AHPMA	Archivo Histórico Provincial de Málaga
AMA	Archivo Municipal de Almería "Adela Alcocer"
AMS	Archivo Municipal de Serón
APS	Archivo Parroquial de Serón
ARCM	Archivo Histórico-Administrativo del Real Conservatorio Superior de Música de Madrid
ARM	Archivo Remedios Martínez
BOJA	Boletín oficial de la Junta de Andalucía
BOPA	Boletín oficial de la provincia de Almería
BOPS	Boletín oficial de la provincia de Santander
CM	La Crónica Meridional
DBE	Diccionario Biográfico Español
DM	Diario de la Marina
DIPALME	Diputación Provincial de Almería
GM	Gaceta de Madrid
GP	Gaceta de la Prensa
HM	Heraldo de Madrid
HL	Hoja del Lunes
HLS	Hoja del Lunes de Santander
IMHA	Ilustración Musical Hispano-americana
IEA	Instituto de Estudios Almerienses
INE	Instituto Nacional de Estadística
LAAS	Libro de Actas del Ayuntamiento de Serón
LASA	Libro de Actas de las Sesiones del Ayuntamiento
LASJM	Libro de Actas de Sesiones de la Junta Municipal
LC	Libro Capitular
LCE	La Correspondencia de España
LCM	La Correspondencia Militar
LI	La Independencia
LIA	La Ilustración Artística
LIEA	La Ilustración Española y Americana
LUM	La Unión Mercantil
RCMD	Real Conservatorio de Música y Declamación
RCS	Registro Civil de Serón
RMHA	Revista Musical Hispanoamericana
SF	Sin firma

Imágenes

14

MARTINEZ MORENO (REM

Distinguida pianista, hizo
feo y piano en su pueblo nata
perfeccionar aquéllos en el C
vatorio de María Cristina.

Obtuvo el gran premio de
de la "Fundación Barranco"
reñidas oposiciones celebradas
cho centro docente en 1925.

Posteriormente ha celebra
gunos conciertos en Málaga,
dándose a Madrid para ampli
estudios superiores en el Conse

DIOS), Serón, (Almería).

s estudios elementales de sol-
trasladándose a Málaga, para

ser-

ano
ras
di-

al-
sla-
sus
to-

Imagen 1. F. Cuenca, *Galería de músicos andaluces*, p. 185.

Distinguida pianista

El punto culminante de la carrera de Remedios Martínez Moreno fue ganar el Primer Premio de piano de la Fundación Barranco en 1925 en Málaga, dotado con dos mil pesetas y — por única vez— con un piano. Este gran éxito hizo que fuera incluida en 1927 en la *Galería de músicos andaluces*, el diccionario más completo e importante sobre la música en Andalucía publicado hasta hoy. Aparece como "distinguida pianista", y se destaca su procedencia de Serón (Almería), donde realiza "sus estudios elementales de solfeo y piano". Se le atribuye después una formación en el Conservatorio de María Cristina de Málaga, donde "obtuvo el gran premio de piano de la Fundación Barranco tras reñidas oposiciones" en 1925. También se citan "algunos conciertos en Málaga" y se sitúa su formación en el Conservatorio Nacional de Música de Madrid en los años posteriores al premio[1].

Probablemente, la única información concreta con la que contaba el autor de esta referencia —el abogado y escritor almeriense Francisco Cuenca— fuera su participación en el Pre-

---

1 FRANCISCO CUENCA, "Martínez Moreno (Remedios), Serón, (Almería)", *Galería de músicos andaluces*, La Habana, Cultura, 1927, p. 185.

mio Barranco, que consigna en el párrafo central. El perfeccionamiento de sus estudios musicales en el Conservatorio María Cristina de Málaga y los conciertos en la ciudad que le atribuye con posterioridad a la consecución del premio, son afirmaciones inexactas, como lo es también su ampliación de estudios en Madrid "posteriormente". Pero a pesar de los errores, la presencia de Remedios en este diccionario es un acontecimiento histórico, pues nos muestra la relevancia que adquirió en esos años la ganadora del Premio Barranco.

Remedios había dejado huella también en Madrid, donde años antes —en 1920— había ganado el Premio de piano del Conservatorio Nacional. De hecho, todavía en 1927, el compositor y musicólogo Rogelio Villar, en su libro *Músicos españoles*, incluye a Remedios Martínez como una de las "discípulas tan sobresalientes" que han salido de la clase de Pilar Fernández de la Mora[2].

El rastro de la pianista se pierde hasta enero de 1950, cuando José Antonio Pérez Torreblanca —Magistrado en Madrid, Periodista y director de Radio Nacional de España— publica una sentida nota necrológica que relata su trayectoria profesional y su perfil humano[3].

Con motivo del centenario de su nacimiento en 2003, Manuel Espadafor publicó un artículo que recopilaba una gran cantidad de información, documentos y recortes de prensa[4]. Además, publica una novela que recrea el personaje y el ambiente de Serón en las primeras décadas del siglo XX[5].

En ese mismo año, también para conmemorar el cente-

---

2   Rogelio Villar, *Músicos españoles II*. Madrid, Hernando, 1927, p. 18. Aparece junto a otras alumnas como Remedios "Martín" en lugar de Martínez.

3   [José Antonio Torreblanca], "Necrológica. La pianista Remedios Martínez", *Yugo*, 24 enero 1950, p. 3. Reproducida en Anexo VII.

4   Manuel Espadafor, "En recuerdo de Remedios Martínez Moreno", *Al-cantillo* nº 22, diciembre 2003, pp. 28-31.

5   Manuel Espadafor, *Variaciones sobre un tema real*. Granada, s.e., 2003.

nario de su nacimiento, publicamos un primer trabajo que reunía un perfil biográfico y profesional de la pianista con la documentación que, junto a Manuel Espadafor, habíamos conseguido reunir[6].

Ya en 2020, Manuel Espadafor publicó una nueva biografía de la pianista con toda la documentación que había descubierto en estos años[7] y expresaba un deseo:

Ojalá que no sea el último, y que nuevos hallazgos enriquezcan la memoria de esta pianista hija de Serón: Remedios Martínez Moreno[8].

Las páginas que siguen intentar cumplir ese deseo: enriquecer la memoria de la pianista, documentando una época y una historia casi perdidas.

---

6   María Remedios y Francisco J. Giménez-Rodríguez, *La Pianista Remedios Martínez Moreno: una biografía documental.* Almería, Escobar Editores, 2003.

7   Manuel Espadafor, *Remedios Martínez Moreno. La pianista de Serón.* Granada, s.e., 2020.

8   *Ibidem*, p. 5. Sirva esta cita de homenaje al hombre de profunda cultura, humanista, músico, escritor e investigador incansable.

Imagen 2. Gustavo Gillman, Vista de Serón,
28 marzo 1895 (fragmento)[9]

Hija de nuestro querido amigo de Serón (Almería), D. Enrique

De Serón (Almería)

Considerado la puerta Oeste de entrada al Reino de Granada por el Valle del Almanzora desde su fundación nazarí en el siglo XIII, el municipio de Serón experimentó un auge económico, social y cultural desde finales del siglo XIX, por el desarrollo de la minería y la llegada del ferrocarril. De su pasado árabe, además de los restos del Castillo, quedan las calles estrechas y empinadas, que llevarían después al entramado de la Calle Real, dando la vuelta completa al casco urbano más antiguo[10].

Con casi cinco mil habitantes a inicios del siglo XX, la población de Serón prácticamente se duplica en la década de 1930 —llegando a tener 9.422 vecinos—, cuando adquiere su máximo esplendor la actividad minera, decayendo lentamente hasta los años sesenta, cuando se cierran las explota-

9   JUAN GRIMA Y JUAN R. GILLMAN (eds.), *Almería Insólita. El legado fotográfico de Gustavo Gillman 1889-1922*. Almería, Arráez editores, 2010, p. 163.

10   RAFAEL POZO, "Estudio descriptivo del Castillo de Serón", *Blog Turismo Serón*. En: https://turismoseron.es/blog/estudio-descriptivo-del-castillo-de-seron/ (Fecha de consulta: 4 agosto 2023).

ciones[11]. Este esplendor se refleja en la creación y desarrollo en la Sierra de los Filabres del poblado minero de Las Menas, que llegó a contar en los años treinta con cine, campo de fútbol y Banda de Música propias, e incluso aún en los sesenta se construyó una plaza de toros, antes del cierre definitivo de las minas en 1968 y el consecuente abandono del poblado[12].

Además de la minería, la agricultura de subsistencia basada en la trilogía mediterránea de cereal, olivo y vid, de bajos rendimientos, junto a la ganadería —fundamentalmente de ovejas y cabras— constituyen un modo de vida destinado al autoconsumo, que se halla a merced de tormentas, sequías, heladas, plagas y epidemias. Todas estas adversidades —unidas al trabajo en la mina— provocan un descenso de producción agrícola y ganadera en Serón hacia 1940[13].

Esta sociedad —eminentemente rural— ve en los niños una fuente de ingresos para las maltrechas economías familiares, por lo que la demanda de instrucción es escasa hasta las primeras décadas del siglo XX, a lo que hay que unir problemas de oferta, por la falta de recursos destinados a infraestructuras escolares y maestros. Así, el analfabetismo en Serón se irá reduciendo lentamente en las primeras décadas del siglo, pasando de un 90% en 1887 a un 57% en 1930[14]. Resulta muy significativo para nuestro estudio que las tasas de analfabetismo son mayores en las mujeres que en los hombres, y esta distancia entre sexos, lejos de acortarse, aumenta de un 10% a un 13% más de mujeres analfabetas en el período de estudio (1900-1930).

---

11   INE, "Alteraciones de los municipios en los Censos de Población desde 1842. Provincia: 4 Almería. Municipio: 04083 Serón. En: https://www.ine.es/intercensal (Fecha de consulta: 04 agosto 2023).

12   DIPALME, "Arqueología Industrial. Alto Almanzora. Las Menas de Serón y ..." En: https://www.dipalme.org›Informacion›porcategoria (Fecha de consulta: 06 agosto 2023).

13   JUAN TORREBLANCA, *Historia y Memoria de la Cuenca Minera de Serón-Bacares*. Serón, Arráez editores, 2018, pp. 39-40.

14   JUAN TORREBLANCA, *Historia y Memoria...*, pp. 49-50.

Así, en la mayoría de las familias acomodadas de Serón a principios del siglo XX, hallamos un origen agrícola, al adquirir extensas propiedades de tierra que con el tiempo se convierten en grandes patrimonios[15]. Esta burguesía emergente demandaría actividades intelectuales y culturales; pero desconocemos la historia de la cultura en Serón, y solo hemos podido rescatar algunas noticias aisladas que apenas nos permiten vislumbrar la gran actividad cultural del municipio desde las décadas finales del siglo XIX.

Ya en enero de 1871, con motivo de la proclamación de Amadeo de Saboya como Rey de España, entre las felicitaciones recibidas en un periódico nacional encontramos las del Ayuntamiento constitucional, el Juzgado Municipal y la Tertulia Progresista de Serón. Sin duda, esta tertulia debía ser una reunión de hombres de esa incipiente burguesía seronense[16].

Probablemente, las actividades sociales y culturales fueron aumentando en las décadas siguientes. Y ya en 1892, con motivo de las funciones religiosas de las Flores de Mayo en honor de la Virgen de los Remedios, hallamos una destacada presencia de la música, que denota que la práctica musical estaba muy extendida en el pueblo de Serón a finales del siglo XIX, con la presencia de un coro de mujeres —dirigido por una mujer pianista— y una Banda Municipal:

> [...] El coro, compuesto de las hermanas [de la Hermandad de Nuestra Señora de los Remedios], y dirigido por la Srta. D.ª Eloísa Salas Herrerías, que es reconocida como una joya en sus conocimientos en música e inimitable ejecución en el piano, acompañó a éstas en el harmonium; y las flores, meditaciones, salves y despedidas, fueron en parte composiciones de tan joven profesora. Se distinguieron en la parte de canto, en varios solos, las jó-

---

15 *Íbidem*, p. 45.
16 "Ayer se han recibido", *La Nación*, 5 enero 1871, p. 2.

venes Remedios Cano Fernández, Dolores Pérez, Encarnación Alora y Remedios Cano Requena.

[...] Amenizaban este solemne acto la banda de música municipal, dirigida por D. Agustín Torreblanca Carrasco, y el coro de cantoras dirigidas por la Srta. D.ª Eloísa Salas, que de trecho en trecho entonaban preciosos motetes y Salves a la Virgen[17].

La creciente actividad minera en la comarca en los primeros años del siglo XX llevó a Serón trabajadores de las más variadas clases sociales, y no deja de ser curioso que la Sociedad Explotadora de Minas pusiera a sus minas en 1907 los nombres de "Norma", "Aida", "Dinorah" y "La Favorita", títulos de óperas de Bellini, Verdi, Meyerbeer y Donizetti respectivamente, que muchos obreros verían todos los días para descender a los infiernos en su trabajo[18].

Indudablemente, la demanda de actividades culturales y de ocio propició también la creación de infraestructuras. De hecho, en 1914 aparece en la prensa nacional la próxima inauguración de una plaza de toros en Serón con una primera corrida que habría de celebrarse el 25 de diciembre[19]. Solo tres años después, en 1917, también la prensa nacional se hace eco de la inauguración del Teatro Villaespesa —en la Plaza del Ayuntamiento, sería después el Cine España— y la presencia en Serón de una compañía de zarzuela:

El día 22 del presente mes de diciembre se inaugurará en Serón, provincia de Almería, el gran Teatro Villaespesa con una notable compañía de zarzuela[20].

---

17 "Funciones religiosas en Serón. Flores de Mayo", *La Unión Católica*, 10 junio 1892, p. 2.

18 "Notas mineras", *CM*, 19 febrero 1917, p. 2.

19 "Estafeta taurina", *HM*, 11 noviembre 1914, p. 6; "Nueva plaza", *El Toreo*, 20 noviembre 1914, p. 4.

20 "Ecos de todas partes", *Eco Artístico*, 5 diciembre 1917, p. 17.

D. Enrique

La figura de Enrique Martínez Martínez (1860-1919) —padre de la pianista— resulta fundamental para comprender su primera formación musical y su increíble evolución temprana.

Era natural de Serón y provenía de una familia dedicada a las labores del campo. De hecho, "del campo" aparece textualmente como su primera profesión cuando contrae matrimonio en 1883 con María Cano Carpio (1865-1902)[21]. De esta unión nacerían cinco hijos: Encarnación, Enriqueta, Rafael, Enrique y Piedad Martínez Cano.

En 1902 se casa en segundas nupcias con María Moreno García (1865-1921), y tendrían otros dos hijos más: Remedios y Leovigildo. Entonces la profesión de Enrique Martínez cambia, pues ya en 1903 aparece como "comerciante" en la partida de nacimiento de Remedios[22]. Así, en 1907 es incluido en la relación de contribuyentes del municipio como "industrial[23]", pagando en los años siguientes una contribución de "vinos y aguardientes" (1908) y posteriormente de "taberna" (1909)[24]. Terminaría sus días como "propietario" de un comercio de ultramarinos en la calle Real de Serón[25].

Desde enero de 1894 participa también en la vida municipal y aparece como concejal del Ayuntamiento de Serón[26]. Ocupa este cargo de forma intermitente, llegando a ser presidente interino en la sesión de nombramiento de alcalde en dos ocasiones (1904 y 1906), por ser el concejal con

---

21 *Acta de matrimonio n° 19*. RCS, 20 mayo 1883.
22 *Acta de nacimiento n° 16*. Tomo 27, p. 17. RCS, 10 marzo 1903.
23 "Elecciones de compromisarios. Año de 1907. Distrito municipal de Serón", *BOPA*, 22 febrero 1907, p. 3.
24 "Administración de contribuciones de la provincia de Almería. Negociado de Industrial", *BOPA*, 7 junio 1911, p. 2; *BOPA*, 26 agosto 1911, p. 2.
25 *Acta de defunción n° 78*. RCS, 4 junio 1919.
26 Sesión ordinaria, 28 enero 1894. AMS, LASJM 1893-94, fol. 1r.

27

Imagen 3. Enrique Martínez
Martínez (1860-1919)

mayor número de votos en las elecciones de 1903[27]. Con 244 votos, Enrique Martínez era sin duda un personaje de gran popularidad en el pueblo.

Como concejal participó en las comisiones de Hacienda, Cuentas —de la que fue presidente en 1908—, Beneficencia y Sanidad, Instrucción Pública, y Abastos y Mercados[28], e incluso llegó a ser elegido por los propios concejales Primer Teniente de Alcalde en 1905 y 1906[29].

Si su actividad profesional ha quedado documentada, muy poco sabemos de sus gustos e intereses, y menos aún del origen de su pasión por la música. "El tío Enriquillo", como era conocido en Serón Enrique Martínez —no sabemos si tendría poca estatura o si sería para diferenciarlo de otro pariente mayor— era reconocido como "el hombre más listo del pueblo"[30], un apasionado de la música que tocaba varios instrumentos de oído[31]. Hombre de fuerte personalidad y carácter, se empecinó en ofrecer la mejor formación musical posible a sus hijos —esa que él no pudo tener—, y de ellos tres serían músicos: Enrique, Remedios y Leovigildo.

Al otorgar testamento en 1908, reconocía la mejora de su situación económica por los "grandes aumentos que ha tenido el caudal del testador desde que contrajo su segundo matrimonio"[32]. Rafael y Enrique, menores de edad entonces, trabajaban en el negocio del padre, bajo su tutela, "contribuyendo muy principalmente al aumento del caudal del que dice". Posiblemente, esta bonanza económica y la ayuda de sus hijos mayores en el comercio familiar, le permitieron vol-

---

27 Sesión inaugural, 1 enero 1904. AMS, LASA 1904-6, fols. 1r-2r; Sesión inaugural, 1 enero 1906. LASA 1904-6, fols. 84v-85v.

28 Sesión ordinaria, 5 septiembre 1906. AMS, AA 1906-1908, fol. 19v.

29 Sesión extraordinaria, 15 mayo 1905. AMS, LASA 1904-6, fol. 61r-62r; Sesión extraordinaria, 29 septiembre 1906. AMS, AA 1906-1908, fol. 21r.

30 M. Ángeles Cruz, *Comunicación personal por correo electrónico*, 9 mayo 2023.

31 María Remedios y Francisco J. Giménez Rodríguez, *La Pianista Remedios Martínez...*, p. 13.

32 Testamento de Enrique Martínez. AHPA, protocolo P-10.892, 1908, fol. 512r.

carse en la formación musical de sus dos hijos menores, que ya desde sus primeros años dedicaban largas horas al estudio del piano —Remedios— y al violín —Leovigildo—.

Muchos años después, esa "obsesión musical" de Enrique Martínez era aún recordada en Serón:

> Yo sí recuerdo a D. Leo. Según me contaba Paco el de Rogelio, el padre de D. Leo (el tío Enriquillo) era un obsesionado de la música y les obligaba a él y a su hermana a estar muchísimo tiempo estudiando[33].

Además de esta disciplina, desde el principio procuró que sus hijos tuvieran la mejor formación musical posible en Serón y cuando advirtió las extraordinarias capacidades de su hija, no dudó en coger el camino de la capital y llevarla a estudiar a Madrid.

Enrique Martínez —que debía tener también grandes habilidades sociales— buscó entonces la mejor profesora de piano para su hija. De hecho, llegó a ser tan conocido en la capital que, en 1912, tras los primeros exámenes de Remedios en el Conservatorio de Madrid, apareció en *El País* en la sección de noticias:

---

33 Antoñín [Antonio Jiménez], "Personajes de nuestro pueblo", *Foro Leo Anaya de la Asociación Cultural Serón Vive*, 19 febrero 2012. En: https://amigos-deseron.foroactivo.com/t190p45-personajes-de-nuestro-pueblo (Fecha de consulta: 7 junio 2023).

EL PAIS

Año XXVI. Núm. 9,213   Diario republicano

PRECIOS DE SUSCRIPCIÓN

Número suelto, 5 cénts.—25 ejemplares, 75 cénts.

TELÉFONO 197   8, MADERA, 8   TELÉFONO 197

Lunes, 23 de Septiembre de 1912

❖❖❖

En los exámenes de ingreso y primer año de solféo, después de brillantísimos ejercicios, ha obtenido nota de sobresaliente la niña de ocho años Remedios Martínez Moreno.

Auguramos un excelente porvenir á dicha niña, pues aparte de las demostraciones de saber de que ha hecho gala, asombró con su precocidad á los profesores y á cuantos han presenciado los exámenes.

Felicitamos á esta preciosa niña así como á su padre nuestro querido amigo de Serón (Almería), D. Enrique.

❖❖❖

Imagen 4. "Noticias", *El País,* 23 septiembre 1912, p. 3.

31

El "Maestro Música"

Ese músico –director de nuestra banda-, nacido en un pueblo de la provincia de Granada, era, a los catorce años, organista y director de una banda de música creada por él.

Ese profesor [...] ostenta el título de Profesor de Armonía y Composición, cuyos estudios verificó con gran brillantez en su juventud [...] es autor de muy bonitas obras para piano y para banda.

Ese músico –y fíjense los profesionales- es quien en cierta ocasión, no ha mucho tiempo, oyó en un gramófono varias veces, muy pocas, una fantasía sobre motivos de «Caballería rusticana», la gran ópera de Mascagni, y la escribió y la instrumentó para banda y es una de las obras que figuran en el repertorio de la agrupación musical que dirige.

[...] su único profesor de solfeo y piano hasta el último día que la portentosa ejecutante ha estado entre nosotros[34].

Antonio Plaza Herrerías (1876-1962), el "Maestro Música", es otro de los personajes sobresalientes de esta historia, como único profesor de solfeo y piano de Remedios Martínez en su formación primera. Hombre polifacético: relojero, maestro de obra, director de la banda, profesor de música... Nació en Caniles (Granada) y se trasladó a Serón. De gran in-

---

34 MANUEL BLANQUE, "Desde Serón. Sobre la niña prodigio y un profesor", *LI*, 26 enero 1915, p. 2.

teligencia, aprendió música de forma autodidacta, tocaba el armonio en la Iglesia y dirigía la Banda de Música de Serón.

Hasta bien entrada la década de 1920, la única forma de obtener una titulación oficial era el examen oficial o libre en el Conservatorio de Madrid, lo cual requería un esfuerzo económico enorme[35]. No hemos hallado información sobre los estudios musicales oficiales que pudiera haber realizado Antonio Plaza en el Conservatorio de Madrid ni en el de Málaga[36].

Entre 1895 y 1897 estuvo en la Guerra de Cuba como sanitario en la Segunda Brigada, y todavía en 1918 aparece su nombre en la *Gaceta de Madrid* dentro de la relación de pagos de los créditos por las obligaciones de la última guerra de ultramar, recibiendo la cantidad de 133,60 pesetas[37].

Vinculado a Serón —y a la música— desde los primeros años del siglo XX, ya en 1905 trabaja para el Ayuntamiento:

(...) y con el fin de formalizar en legajo separado toda la documentación de este municipio que armonizando el archivo impidiera que aquellos pudieran destruirse por el mal estado en que se encontraban y facilitara en contrario con prontitud la ejecución de cada servicio (...); y por unanimidad se acordó ratificar el cargo de archivero municipal a favor de Don Antonio Plaza Herrerías desde primero del año corriente[38].

---

35 Fernando Delgado, "La construcción del sistema nacional de conservatorios en España 1892-1942", *Cuadernos de Música Iberoamericana,* 2006, nº 12, pp. 105-115.

36 Se han consultado los índices alfabéticos de alumnos matriculados, las cajas de expedientes de alumnos y los registros de matrículas y exámenes no oficiales del Conservatorio de Madrid (ARCM); también el Archivo de expedientes y los libros de matrícula del Conservatorio de Málaga (AHPMA, 1900-1915).

37 "Relación de los créditos que, por obligaciones de la última guerra de ultramar, ha clasificado esta Junta [...]", *GM*, 29 mayo 1918, anexo 2, p. 903.

38 Sesión ordinaria, 25 mayo 1905. AMS, LASA 1905, fol. 62r-63v.

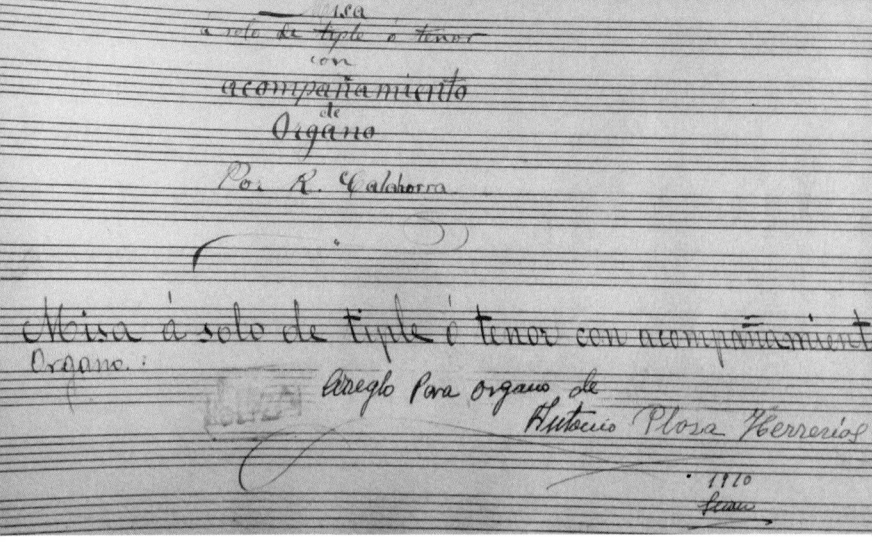

Imagen 5. Partitura de la Misa de R. Calahorra con "arreglo" de Antonio Plaza. APS.

Sin duda, ese puesto era el modo de obtener una vinculación laboral con el Ayuntamiento, donde aparece también como encargado del reloj público que había en la torre del castillo[39]. Además, ya desde 1906 —y probablemente con anterioridad— se hace cargo de la Banda de Música y de la Academia donde enseñaba música a sus miembros, pues presenta una factura a la Corporación Municipal "por los gastos hechos en el primer trimestre del año actual en papel, alumbrado y demás invertidos en la Academia de música"[40].

Además de la Banda, desarrolla una gran labor como organista —tocando el armonio— en la Iglesia, como "arreglista" de partituras y como director musical de instrumentos y voces. En los primeros años del siglo XX la difusión de música religiosa impresa era limitada, por lo que se copiaban a mano las partituras, que frecuentemente se trasladaban de una parroquia a otra. Así, en el Archivo Parroquial de Serón aparecen copias de partituras que se habían hecho en

---

39   Sesión extraordinaria, 30 mayo 1910. LASA 1909-10. Fol. 50v.
40   Sesión ordinaria, 5 abril 1906. AMS, LASA 1904-6, fol. 97r-97v.

Imagen 6. Sello de Antonio Plaza Herrerías. APS.

otras poblaciones, como Gádor, un pueblo —a unos 70 km de Serón—cercano a Almería. También se conservan obras manuscritas —compuestas por distintos autores— que Antonio Plaza se encarga de firmar, en ocasiones raspando el nombre del arreglista y poniendo encima el suyo propio.

La mayor parte de las obras son para solistas y coro, "arregladas para órgano" por Antonio Plaza Herrerías, y solo una de ellas fechada: Serón, 1920. Frecuentemente están marcadas con un sello muy curioso, una especie de jeroglífico musical con su apellido: P[LA]ZA[41].

En esos años, para mantener su autoridad musical ante los miembros de la Banda de Serón, Antonio Plaza muy probablemente se viera obligado a afirmar que estaba en posesión del título de Profesor de Música y a reivindicar la autoría o arreglo de las partituras que interpretaba. Con el mismo objetivo, haría circular entre los músicos de la Banda su autoría del pasodoble *Suspiros de España* —que decía haber compuesto en Cuba junto a Antonio Álvarez— o del chotis *Madrid*[42].

---

41 REMIGIO CALAHORRA, *Misa a solo de tiple o tenor con acompañamiento de órgano*. Arreglo para órgano de Antonio Plaza Herrerías. Serón, Ms, 1920. APS.

42 BEGOÑA BAILINA, "La música en Serón", *Blog Turismo Serón*. En: https://turismoseron.es/blog/la-musica-en-seron/ (fecha de consulta: 1 abril 2024). Entre 1895 y 1897 Antonio Álvarez Alonso se hallaba en Madrid estrenando zarzuelas. No aparece en ninguna biografía de Alonso que estuviera en la Guerra de Cuba. «Cartagena: Entierro», *El Liberal* (Murcia), 23 junio de 1903, p. 1.

36

Todas las actividades en Serón, las combinaba con el trabajo en una relojería en Málaga en la calle Cuarteles[43]. En la *Guía de Málaga y su provincia* de 1908 hallamos una relojería en la calle Doctor Dávila 38, antes calle Cuarteles[44]. Unos años antes, en 1903, se había inaugurado en esta misma calle (Cuarteles nº 4) la "Fábrica de pianos de López y Griffo", una sociedad mercantil integrada por Juan López (industrial y constructor de pianos) y José Griffo (propietario que aporta el capital), cuyo objeto era:

> la construcción, venta y alquiler de pianos y armóniums, compra y venta de música escrita e impresa e instrumentos de cuerda y metal de todas clases, venta en comisión de pianos de las fábricas nacionales y extranjeras que convengan así como la compra y venta de instrumentos musicales de todas clases que en lo futuro puedan inventarse[45].

Era un gran edificio de dos plantas que albergaba varias salas (máquinas, forja, ebanistería, barnizado...) para alcanzar la excelencia de los instrumentos. Además, la empresa construyó en el edificio un salón de conciertos amplio y con perfectas condiciones acústicas, decorado con elegancia, que fue inaugurado en 1904 con un concierto del gran pianista catalán Joaquín Malats. Este acontecimiento fue recordado por la prensa malagueña como un "alarde de la casa López y Griffo en el momento inicial de su andadura como empresa"[46]. Por su proximidad cronológica y geográ-

---

43 Pilar Plaza, *Comunicación personal de la nieta de Antonio Plaza Herrerías*, 13 junio 2023.

44 Jose Supervielle, *Guía de Málaga y su provincia para 1908: indicador del comecio y la industria*, Málaga, Imp. J. Supervielle, 1908, p. 503.

45 Cristóbal García y Mónica Villar, "La fabricación de pianos en Málaga. De Adolfo Montargón a López y Griffo (1870-1920)", García Montoro, Cristóbal. Pianos de Málaga. Artesanía e industria. De Montargón a López y Griffo. Málaga, Ayuntamiento de Málaga-Museo del Patrimonio Municipal, 2018, pp. 5-18.

46 Cristóbal García y Mónica Villar, "La fabricación de pianos...", p. 11.

Imagen 7. Antonio Plaza Herrerías y su hijo junto a su piano

fica con esta investigación, esta casa de pianos aparece una y otra vez en nuestro estudio.

Toda esta actividad musical de la calle Cuarteles no sería indiferente a Antonio Plaza. Además de poder escuchar conciertos en la sala, su inteligencia y curiosidad le llevarían a familiarizarse con el proceso de construcción de pianos en la fábrica. De hecho, él mismo fabricó su propio piano —seguramente contando con piezas de la vecina fábrica malagueña— con el que aparece en la imagen.

No quedaría completo el perfil de Antonio Plaza si no hiciéramos referencia a su faceta como maestro de construcción. En 1916 fue encargado de la dirección de las obras para el edificio del nuevo Ayuntamiento y su plaza, que diseñó él mismo, pues no constan en archivo alguno planos ni proyecto de presupuesto realizados por arquitectos. Colocó en la Plaza Nueva un quiosco de música y en los bajos del Ayuntamiento, una habitación para la academia de música y la banda[47].

Director de la Banda de Música de Serón

La relación de Antonio Plaza con la Banda de Música de Serón se extiende —con algunas interrupciones— durante toda la primera mitad del siglo XX, y, por tanto, discurre paralelamente a la vida de Remedios Martínez.

En los primeros años, posiblemente por sus compromisos en Málaga, no podía hacerse cargo de la dirección, por lo que en 1907 se nombra como Director a Juan Murcia Quesada[48]. Continuamente la Banda requería reparación y compra de instrumentos, y el Alcalde — Antonio Cano— no duda en prestarle su apoyo, destacando además la importante labor que desarrolla la Banda en el pueblo:

---

47 FLORENCIO CASTAÑO, "La Casa Consistorial de Serón", Blog *Turismo Serón*, 24 mayo 2015. En: https://turismoseron.es/blog/la-casa-consistorial-de-seron-y-los-distintos-nombres-de-su-plaza/ (Fecha de consulta: 12 junio 2023).

48 Sesión ordinaria, 7 marzo 1907. AMS, AA 1906-1908, fols. 41v-42r.

Seguidamente se hizo saber por el Sr. Alcalde que el Director de la Banda Municipal le había manifestado que era indispensable proceder a la compostura de algunos instrumentos y que se necesitaba comprar una flauta, un cornetín y algunos otros para los educandos que tenía ya en condiciones de que tomen instrumento; y la corporación acordó que se autorice al reputado director para hacer cuanto considere necesario al fomento de la banda, ya que es ésta de carácter popular y produce distracción y esparcimiento al vecindario[49].

Tras poco más de un año, en septiembre de 1908 Juan Murcia presenta la dimisión de su cargo de Director, "en el que ha venido figurando a pesar de ser menor de edad y de no ejercerlo personalmente" y, en la misma sesión, solicita el puesto vacante el "Maestro Música", "cargo que había desempeñado anteriormente como consta a los Sres. Concejales, los cuales acordaron por unanimidad conferir a dicho D. Antonio Plaza Herrerías el nombramiento de Director de la Banda Municipal de esta villa"[50]. En realidad, Juan Murcia, menor de edad y que no había ejercido el cargo personalmente, debía ser un joven miembro de la Banda, que figuraba como Director, aunque siguiera ejerciendo el "Maestro Música".

En los años siguientes, Antonio Plaza continuó como Director, no sin algunos desencuentros con la Corporación Municipal, como el de mayo de 1910, cuando se negó a que la Banda acompañara a la Corporación municipal en la función de iglesia y la procesión del Corpus Christi, como protesta por la falta de recursos que le había hecho suspender las clases de la Academia desde Semana Santa[51].

En 1913 aparece como director de la Banda de música en la toma de posesión del nuevo párroco D. Juan García Pérez,

---

49 Sesión ordinaria, 28 noviembre 1907. AMS, AA 1906-8, fol. 70v.
50 Sesión ordinaria, 3 septiembre 1908. AMS, LASA 1908-9, fol. 12r-12v.
51 Sesión extraordinaria, 30 mayo 1910. AMS, LASA 1909-10, fol. 50v.

que después de la ceremonia en la Iglesia de la Anunciación, se dirigió en procesión al Santuario de la Virgen de los Remedios. "Amenizó el acto la banda de música, dirigida por don Antonio Plaza Herrerías, ejecutando un selecto programa"[52].

Su posición se consolida en estos años, pues en 1918 se incluye en la relación de la plantilla de personal del Ayuntamiento de Serón, publicada en el *Boletín Oficial de la Provincia de Almería*, como Director de la Banda de Música y con carácter: en propiedad[53]. Sin embargo, sus múltiples ocupaciones y su actividad laboral en la relojería de Málaga, le llevan a pedir períodos de excedencia, que son cubiertos por Juan Manzanares Martínez (1918-1924)[54] y Trinidad Litrán Mellado (1923)[55].

En mayo de 1932, un nuevo desencuentro con la Corporación le valió su destitución y la disolución de la Banda[56], siendo nombrado Director Trinidad Litrán en septiembre[57]. Sin embargo, un año después Antonio Plaza es restituido en el cargo. Se constituye de nuevo la Banda y se reorganiza la plantilla de músicos por categorías, quedando así formada por un total de 24 miembros[58].

Así, en 1935, cuando la *Gaceta de Madrid* publica el Escalafón del Cuerpo de Directores de Bandas de Música —con reconocimiento de tiempo de servicios hasta 31 de octubre de 1934— Antonio Plaza figura en situación de excedencia, y se le reconocen 18 años de servicio[59].

---

52 "De Serón. Toma de posesión", *LI*, 29 junio 1913, p. 2.

53 "Ayuntamiento de Serón. Provincia de Almería. Relación de las plantillas del personal de este Ayuntamiento", *BOPA*, 29 septiembre 1918, p. 4.

54 Sesión ordinaria, 16 marzo 1919. AMS, LC 1919, fol. 1v; Sesión extraordinaria, 6 abril 1924. AMS, AcA 1924, fol. 10r.

55 Sesión ordinaria, 29 julio 1923. AMS, LASA 1923, p. 11.

56 Sesión extraordinaria, 27 mayo 1932. AMS, LASA 1930-2, fol. 82r.

57 Sesión ordinaria, 14 septiembre 1932. AMS, LASA 1930-2, fol. 97v.

58 Sesión ordinaria, 28 mayo 1933. AMS, LASA 1932. Fol. 51r. Véase ANEXO IV.

59 "Escalafón del Cuerpo de Directores de Bandas de Música [...]", *GM*, 15 diciembre 1935, p. 364.

En junio de 1942 es de nuevo ratificado en su puesto por la Corporación municipal[60], pero a final de año, con vistas al presupuesto del año siguiente, el Ayuntamiento propone un nuevo sistema de funcionamiento de la Banda:

El Sr. Presidente da cuenta a la Corporación que a virtud de lo acordado en la sesión del cinco del actual en la confección y aprobación del Presupuesto para el próximo ejercicio de 1943, se había acordado la supresión de la plaza de Director de la Banda Municipal, puesto que ésta había dejado ese carácter debido a la falta de instrumentos propiedad de este ayuntamiento y la falta de asignación para atender la adquisición de material e instrumentos y pago de haberes a los músicos, y por ello la Banda era particular y el municipio había aprobado una consignación de seis mil pesetas como gratificación a la misma por dar conciertos durante los domingos y días festivos en la Plaza Pedro Galindo desde el mes de junio a final de agosto, los días de fiestas y ferias, y acudir a aquellos actos en los que el Ayuntamiento en Corporación asista, y de esta forma es menos gravosa para los intereses del municipio, y mejor para los componentes de los mismos, los que individualmente responderán del instrumento que poseen de este municipio y el pago de la gratificación se verificará por trimestres vencidos. La Corporación por unanimidad da su aprobación a este acuerdo y al cese de Director de D. Antonio Plaza Herrerías[61].

Al no poder hacer frente al sueldo de Director, al mantenimiento y compra de instrumentos, ni al pago de los músicos, el Ayuntamiento cambia el carácter de la Banda, de Municipal a particular, y aprueba una gratificación anual por sus servicios: dar conciertos los domingos y días festivos

---

60   Sesión ordinaria, 10 junio 1942. AMS, LASA 1941-5, fol. 14v.
61   Sesión ordinaria, 23 diciembre 1942. AMS, LASA 1941-5, fols. 29r-29v.

en la Plaza desde el mes de junio a final de agosto, tocar los días de fiestas y ferias, y acompañar a la Corporación en sus actos.

En los años siguientes se mantiene ese sistema de subvenciones hasta que en septiembre de 1950, "con motivo de la desorganización existente en la Banda de Música de este pueblo, en Diciembre último [el Ayuntamiento] tomó la decisión de disolverla y aplazar su reorganización, hasta tanto pueda contarse con elementos que la hagan digna de este pueblo"[62]. Ya en julio de ese año Antonio Plaza había solicitado su jubilación, por haber cumplido 67 años y haber prestado servicios como Director de la misma durante 31 años, 2 meses y 6 días, que será aprobada casi un año después, en marzo de 1951[63].

Hombre de gran carácter, en su labor formativa no dudaba en cerrar el método a un educando que consideraba poco aplicado y mandarlo a su casa: "Dile a tu padre que no vas a ser músico nunca". Aún sus alumnos recuerdan la profunda emoción de sus interpretaciones al frente de la Banda, que transmitía también en sus lecciones en la academia:

Si no podías cantar, si no podías entonar, si no podías silbar, si cerrabas los ojos y no soñabas con aquella música... no podías ser músico[64].

Pasión, oficio y exigencia... ese fue el legado a Remedios del "Maestro Música".

---

62 Sesión ordinaria, 30 septiembre 1950. AMS, LASA 1948-51, fol. 39r.
63 Sesión ordinaria, 31 marzo 1951. AMS, LASA 1948-51, fol. 46r.
64 José Cano, *Comunicación personal telefónica*, 17 agosto 2023.

Imagen 8. Manuel Blanque, *Fotografía de Enrique Martínez Cano. Serón, 25 mayo 1913.*

Hermana de dos músicos

Enrique Maceo

Enrique Martínez Cano (1895-1969) fue el menor de los cinco hijos que tuvieron Enrique Martínez y María Cano. Nació el año que estalló la Guerra de Cuba, cuando las peripecias del general Antonio Maceo, "el nervio de la guerra, el brazo del separatismo cubano", llenaban las páginas de la prensa en España: el cabecilla de la revuelta cubana reunió miles de hombres para atacar al ejército español, voló ferrocarriles, e incluso se le dio por abatido varias veces.

Cuando cayó en combate, en diciembre de 1896, su muerte ocupó la portada de todos los periódicos nacionales[65]: «Después de tantos días negros, tiempo era de que amaneciese un día de sol para España...», comenzaba la noticia *El Liberal*.

Las continuas travesuras del niño —que no había cumplido aún dos años— llevaban al padre a recriminarle: —"¡Eres más malo que Maceo!"— ... y debieron ser muchas, pues se quedó con el apodo toda su vida[66]. Siendo aún menor de edad, trabajó en el negocio de ultramarinos de su

---

65   JUAN LAPOULIDE, "La muerte de Maceo", *La Época*, 10 diciembre 1896, p. 1.
66   M. ÁNGELES CRUZ, Comunicación personal..., 9 mayo 2023.

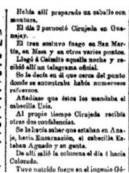
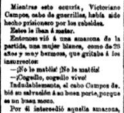

El Liberal

MUERTE DE ANTONIO MACEO

Imagen 9. Portada de *El Liberal*, 10 diciembre 1896

padre[67]. Y en 1913, con 18 años, era ya un muchacho de porte distinguido y vestimenta elegante, que denotaba una buena educación y situación económica.

La pasión de su padre por la música propició que todos los hermanos aprendieran a tocar un instrumento y que algunas noches organizaran veladas musicales. De entre los hermanos Martínez Cano, tan solo Enrique continuó su actividad musical posteriormente. Se formó como educando de la banda con el Maestro Plaza, aprendiendo solfeo y tocando el clarinete. En estos años se mantuvo al tanto de la música de moda, ya fuera de baile o los grandes éxitos teatrales que triunfaban en Madrid. De hecho, en el archivo familiar encontramos algunas partituras con su firma, como la de *El Conde de Luxemburgo*, la opereta de Franz Lehar —famoso compositor de *La Viuda Alegre*— estrenada en Madrid en 1910[68] y que aparece firmada por Enrique Martínez Cano en Serón en agosto de 1913[69]. También hallamos una antología de *Bailes de Salón* que lleva estampado su sello[70]:

67　Testamento..., 1908, fol. 11v.

68　L., "El Conde de Luxemburgo", *El Liberal*, 20 octubre 1910, p. 3.

69　FRANZ LEHAR, *El Conde de Luxemburgo*. Madrid, Ildefonso Alier. ARM.

70　*Bailes de Salón*. Madrid, Ildefonso Alier. ARM.

46

Imagen 10. Sello de Enrique Martínez Cano

Además de estas obras editadas, se conservan partituras manuscritas copiadas por él para su hermana Remedios, fechadas en Serón en junio de 1916[71].

A la muerte de su padre, en junio de 1919, el "mozo" Enrique Martínez Cano debió de quedar en una situación económica endeble, y aparece como solicitante de un expediente de pobreza instruido por el Ayuntamiento de Serón en octubre de ese año[72]. Con esos expedientes se formaba una "lista de familias pobres de este término que tienen derecho a disfrutar la asistencia gratuita médica y cirugía, y la de farmacia durante el próximo año económico de 1920 a 21"[73].

Esta situación cambia pronto, y ya en junio de 1921 tenemos noticias de su actividad laboral como recaudador municipal[74], cargo que desempeña durante casi dos años, hasta su dimisión en abril de 1923[75]. Esta actividad la compatibiliza con la atención a la tienda de ultramarinos que

---

71 *Copia de Sarasate y E. Martínez. Para Remedios Martínez, Serón y junio 1916*. Ms, 1 p. ARM.

72 Sesión ordinaria. 12 octubre 1919. AMS, LASA 1919, p. 39.

73 Sesión extraordinaria. 1 enero 1920. AMS, LASA 1919, p. 55.

74 Sesión ordinaria. 12 junio 1921. AMS, LASA 1920-1, fol. 33v.

75 Sesión ordinaria. 22 abril 1923. AMS, LASA 1922-3, p. 97.

Imagen 11. Copia de Sarasate y E. Martínez

había heredado de su padre, desde la que participa en la vida del pueblo, fomentando la enseñanza de niños y niñas:

> Se acordó librar a D. Enrique Martínez Cano la suma que se le adeuda de 650 ptas, importe de los premios que ha suministrado de su establecimiento para estímulo de la enseñanza de niños y niñas en la exposición de labores y celebración de oposiciones en el presente año 1921-22[76].

En los años siguientes, según las Corporaciones, desempeña diversos cargos como Inspector de la Guardia Municipal[77], Auxiliar de Secretaría[78] y recaudador de cédulas personales como oficial de Secretaría[79]. Mantuvo también su actividad como comerciante, pues continúa también apareciendo como "industrial" en la documentación de Hacienda de la provincia de Almería[80].

---

76 Sesión ordinaria. 12 febrero 1922. AMS, LASA 1922-3, pp. 7-8.

77 Sesión ordinaria. 14 octubre 1923. AMS, LASA 1923, p. 46.

78 Sesión ordinaria. 26 abril 1923. AMS, AcA 1924, fols. 27v-28r.

79 Sesión extraordinaria. 19 julio 1925. AMS, AcA 1924, fol. 31v.

80 "Tesorería-contaduría de Hacienda de la provincia de Almería", *BOPA*, 6 septiembre 1924, p. 1.

Imagen 12. Enrique Martínez Cano dirigiendo la Banda de Música de Serón (c. 1960)

Ya en marzo de 1936, siendo alcalde Francisco Camenforte, llegó a ser nombrado concejal[81]. Su afiliación al partido Izquierda Republicana[82] le llevaría a ser objeto de un expediente de responsabilidad política en enero de 1941[83], lo que le supondría la aplicación de medidas precautorias —como embargos e incautación de sus bienes—, hasta su sobreseimiento en agosto de 1947[84].

Durante todos estos años continuó su vinculación con la Banda de Música, primero como clarinetista y profesor de la misma[85], y posteriormente como director, función que

81 Sesión extraordinaria. 21 marzo 1936. AMS, LASA 1934, fol. 65v.

82 JUAN TORREBLANCA Y EUSEBIO RODRÍGUEZ, *La memoria silenciada de Serón (Almería). República, Guerra Civil y Represión Franquista (1931-1945)*. Almería, Arráez editores, 2012, p. 82n.

83 "Anuncio. Juzgado Instructor Provincial de responsabilidades políticas de Almería", *BOPA*, 15 enero 1941, p. 4.

84 "Audiencia Provincial de Almería. Responsabilidades políticas. Edicto", *BOPA*, 12 agosto 1947, p. 3.

85 En el AMS se encuentran varias partituras "Propiedad de Enrique Martínez Cano", entre ellas, un método de estudios para clarinete: FRANZ T. BLATT,

desempeñaría en diversas ocasiones tras la jubilación del Maestro Plaza hasta bien entrados los años 60.

Enrique "Maceo" acompañó a su hermana Remedios durante toda su vida. En ocasiones incluso a sus clases de piano en Madrid, pues él recordaba años después la pensión en que se alojaron y asistir a espectáculos de zarzuelas en la capital[86]. Incluso después de casada Remedios, mantuvieron una relación muy íntima las familias.

Él fue el encargado de comunicar el fallecimiento de su hermana en el Registro Civil de Serón, y de que aparezca en este documento "de profesión Profesora de Piano"[87].

Leo Martínez

Leovigildo Martínez Moreno (1904-1985) fue el hermano menor de la pianista, y también se inició en la música bajo la atenta y disciplinaria mirada de su padre, que lo encaminó inicialmente hacia el violín, pues era uno de los instrumentos que él tocaba de oído. En 1915, con ocasión de unos conciertos de su hermana en la capital almeriense aparece en la prensa:

> [...] Leovigildo, parece que es otro portento musical. Está aprendiendo a tocar el violín, dirigido por su hermana, [...] es menor que esta, y en los cinco meses, ya ha adelantado tanto que posee los conocimientos que en cinco cursos pueden obtenerse[88].

Unos meses después, en noviembre de 1915, su padre dirige una instancia a la Excma. Diputación Provincial de Almería "en súplica de que le sea concedida a su hijo —con

---

Études pour la Clarinette, París, Costallat.

86 M. Ángeles Cruz, Comunicación personal..., 9 mayo 2023.

87 *Acta de defunción nº 5. Remedios Martínez Moreno*. Tomo 44 fol. 24v. RCS, 6 enero 1950.

88 "La niña prodigio Remedios Martínez", *CM*, 20 enero 1915, p. 1.

Imagen 13. Leovigildo Martínez Moreno con su violín c. 1915.

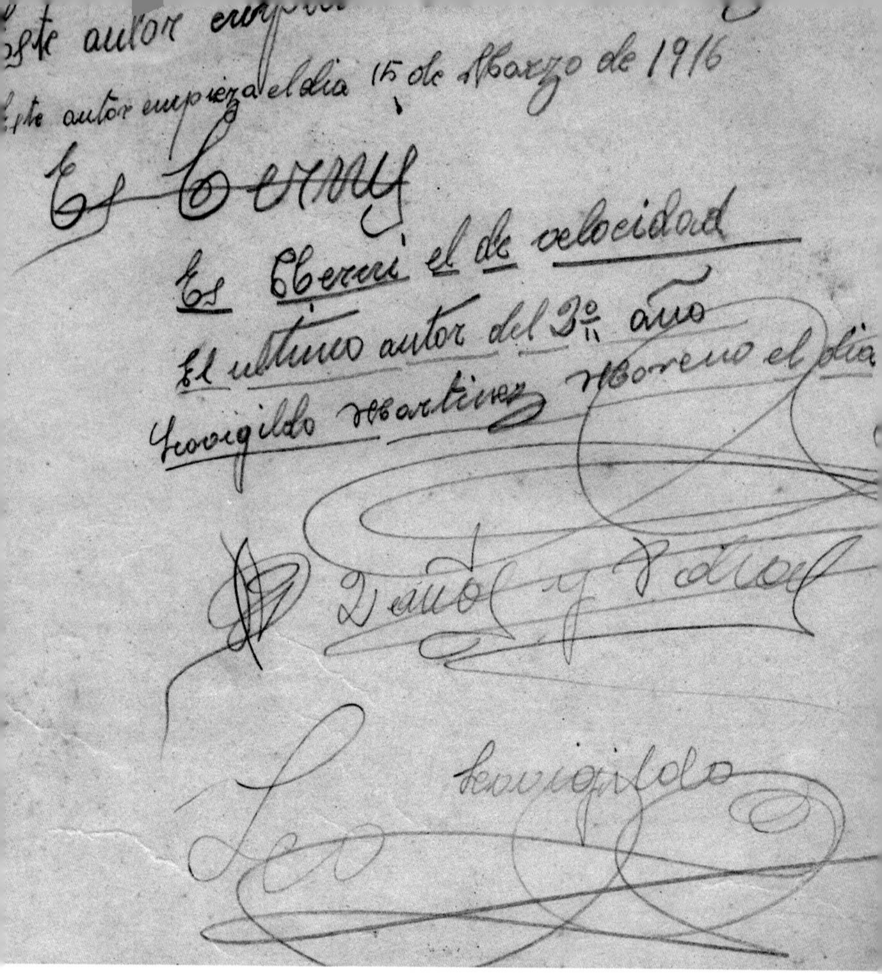

Imagen 14. Anotaciones de Leovigildo Martínez en Czerny op. 299 (ARM).

cualidades y aptitudes sobresalientes para la música— una pensión anual, durante tres años, para trasladarse a Madrid y completar la educación artística". Sin embargo, "la penuria económica de la Corporación, tan sabida de todos, no permite atender al solicitante", por lo que se desestima su petición[89].

---

89 *Actas de Sesiones Plenarias*, 27 noviembre 1915, p. 9. ADA.

Por esos años, Leovigildo realiza también estudios de piano, probablemente orientado por su hermana, y así anota en el reverso de la *Escuela de velocidad* op. 299 de Carl Czerny: "Este autor comienza el 15 de marzo de 1916. El Czerny el de la velocidad. El último autor del segundo año. 2 años y 8 días. Leovigildo Martínez Moreno"[90].

Continúa su formación como violinista varios años más, hasta que en el curso 1919-1920 se matricula como alumno oficial en el Conservatorio de Madrid, donde estudia violín, armonía, estética y música de salón hasta el curso 1923-1924[91]. La enseñanza oficial suponía un régimen de clases semanales que le obligaría a residir en Madrid en esa época. En los dos primeros cursos aprueba directamente sexto y séptimo de violín, y en los dos años siguientes (1921-22 y 1922-23) aparece matriculado en el último curso de carrera —octavo— que aparecen sin calificación... Ni siquiera hace el intento de volver a matricularse en octavo de violín durante el curso 1923-1924, en el que aprueba las asignaturas de Armonía (1º), Estética y Música de salón. Y es que, en diciembre de 1923 —durante el último curso académico en que aparece matriculado— nació su hijo Enrique, lo que le obligaría a abandonar la carrera de estudiante y a buscar trabajo. Además, en estos años madrileños ya se habría cruzado otro amor en su trayectoria como intérprete: la llamada entonces "música frívola", a la que dedicaría su vida profesional.

Pocos años después, en 1934, lo encontramos como miembro de orquestas en una época en la que el jazz irrumpe en las salas de baile e incluso en los cines. La primera orquesta en la que toca —*Los Vagabundos*—, se había formado en San Sebastián en 1933, conducida inicialmente

90   Carl Czerny, *Escuela de velocidad* op. 299. Barcelona, Edición Ibérica, 1909.
91   *Ficha del alumno D. Leovigildo Martínez Moreno.* 1919-1924. ARCM.

Imagen 15. Triunfo indiscutible de "Dime quién eres", la película ayer estrenada y gran éxito de la orquesta de Jazz "Los Vagabundos"[93].

por el pianista Adolfo Araco y el trombonista Fernando García Morcillo. En 1934 debutan en Madrid liderados por el saxofonista y director de orquesta dominicano Napoleón Zayas[92]. Es frecuente encontrarlos en la prensa actuando en salas de baile o amenizando los intermedios de las películas americanas —interpretando su música y otros grandes éxitos—, o acompañando a cantantes como la famosa cupletista Amalia de Isaura.

Durante el verano de 1934 vuelven a actuar en el Casino "La Perla del Océano" de San Sebastián, un lujoso balneario donde veraneaba la sociedad más distinguida del país, y ya son presentados como "la mejor orquesta de España":

(...) Hoy comienza su actuación la formidable orquesta "Los Vagabundos", cuya versatilidad es inagotable, ya que interpreta a la perfección todos los géneros.

92 JOSÉ BENITO, "El jazz en España: los convulsos años 30", *Me encanta el Swing*. En: https://meencantaelswing.wordpress.com/2023/01/15/el-jazz-en-espana-los-convulsos-anos-30/ (Fecha de consulta: 27 junio 2023)

93 "La pantalla", *Ahora*, 11 marzo 1934, p. 27.

Imagen 16. Anuncio de Amalia de Isaura acompañada por Los Vagabundos en el Teatro Coliseum de Madrid[94].

Los diez profesores que integran esta orquesta ejecutan 27 instrumentos y estos virtuosos son: Enrique Pérez Galdós, Paulino Vacas, Pedro Salinas, Leovigildo Martínez, Fernando García, Rafael Moyer, Adolfo Braco y Juan Valcárcel.

El trío de saxofones está considerado en la actualidad como el mejor de España.

Disponen además del repertorio standar de conciertos de todos los grandes éxitos de la temporada y ha sido la primera orquesta que se ha presentado al público español. Son intérpretes depurados de la música cubana y su repertorio de sones y rumbas está arreglado exclusivamente para el grupo; y en cuanto a la combinación de bailes como el vals vienés, hoy nuevamente en boga, que requiere una sección de cuerda numerosa, se permiten el alarde de presentar siete violines.

Han impresionado discos para Regal con el nombre de "Los Vagabundos", siendo su primer disco de baile el número D K 8992.

---

94 "Cine", *HM*, 12 mayo 1934, p. 7.

Su presentación será inmejorable con tres uniformes fastuosos para las distintas atracciones, atriles luminosos, stand para el instrumental. (...)

Una novedad va a introducir "La Perla", actuando en los aperitivos dos orquestas: "Los Vagabundos", de once y media a dos de la tarde (...) De once de la noche a dos y media de la madrugada, dancing selecto con la orquesta "Los Vagabundos" (...).[95]

Leo Martínez parecía haber heredado el talento como multi-instrumentista de su padre. Tocaría entre los siete violines que presentaba la orquesta, pero también en "el mejor trío de saxofones de España", pues aparece en imágenes de la orquesta tocando el saxofón tenor; incluso llegó a tocar el contrabajo, como muestran también fotografías y grabaciones[96].

En 1935 "Los Vagabundos" era "una de las principales orquestas españolas, identificada recurrentemente en las entrevistas de *Jazz Magazine* como predilecta de los músicos barceloneses", por lo que fue invitada al Festival de Jazz organizado por el *Hot Club* de Barcelona[97]. De hecho, los anuncios en la prensa barcelonesa la presentan como "La Sinfónica del género frívolo / La *Duke Ellington* española / Los Ases de la música americana. 10"[98].

Así, en noviembre de 1935 aparece una singular fotografía de la orquesta en un escenario-tanque para ilustrar un artículo sobre la influencia del jazz —"una fuerza viva

---

95 "Casino de la playa. La Perla del Océano", *El Día*, 1 agosto 1934, p. 4.

96 *Lágrimas en mi corazón: fox lento. Tiroliroliro: fox trot.* Orquesta *Los Vagabundos*. San Sebastián, Columbia, A 6137, c. 1934. Entre los intérpretes aparece: "Bajo, L. Martínez". En Biblioteca Digital Hispánica: http://bdh.bne.es/bne-search/detalle/bdh0000176868 (Fecha de consulta: 28 junio 2023).

97 IVÁN IGLESIAS, "El jazz a finales de la Segunda República española: el *Hot Club* de Barcelona (1935-1936)", *Jazz-hitz*, 03 (2020), pp. 11-34.

98 "Éxito-éxito-éxito-éxito de la formidable orquesta Los Vagabundos", *El Diluvio*, 13 julio 1935, p. 3.

Imagen 17. Leo Martínez (abajo dcha.) en la Orquesta Los Vagabundos.

dentro del mundo de la música"— en la revista de la Asociación de Profesores de Orquesta de Madrid[99]:

La actividad de *Los Vagabundos* continuó imparable hasta los años cuarenta, grabando tres discos de 78 r.p.m. para el Sello Columbia en San Sebastián hasta 1942[100].

Al inicio de la década de 1940, Leo Martínez entra en contacto con el pianista y compositor catalán afincado en Madrid Enrique Escudé-Cofiner y se incorpora a la orquesta *Cofiner y sus chicos*, que obtuvo grandes éxitos en la sala

---

99 JUAN VALCÁRCEL, "Jazz", P.O.M., noviembre 1935, nº2, p. 13.
100 *Columbia. Catálogo general.* Mayo 1942. San Sebastián, discos Columbia, 1942, p. 98.

Imagen 18. Leo Martínez (dcha.) tocando el contrabajo en la Orquesta Cofiner y sus chicos.

de fiestas Villa Rosa de Madrid y con la que realizó una gira por Oriente Medio, actuando en los más prestigiosos hoteles de Alejandría, Líbano, Jordania, Siria, y El Cairo —incluso en el Palacio Abdine—, residencia entonces del rey egipcio Faruk. Después de aquella gira, *Cofiner y sus chicos* también actuaron en Estambul, Roma, Capri, Milán, Grecia y Suiza[101].

Si *Los Vagabundos* le hicieron entrar en contacto con el jazz de los años treinta y cuarenta —en concreto con músicas de baile como el *fox-trot*, de absoluta moda en las películas americanas—, en la orquesta española *Cofiner y*

101 MÓNICA PAGÉS, "Enrique Escudé-Cofiner, apunte biográfico", en Enrique ESCUDÉ-COFINER, *Estampas Gitanas. Intermezzi. Julio.* Barcelona, Boileau, 2020, p. 9.

58

sus chicos cultiva música "latina", especialmente canciones bailables —boleros, tangos, sambas, pasodobles...— que pusieron de moda por todo el mundo.

"A su hermana no la olvidó. En cuanto podía le enviaba piezas para piano modernas y bellísimas"[102]. Sin lugar a dudas, Leo Martínez fue una ventana abierta a la frescura, innovación y diversión de la música "frívola" para los habitantes de Serón en la primera mitad del siglo XX.

En los años 50 se agudizan sus problemas auditivos[103] y se retira de su carrera profesional. "Don Leo" se convierte entonces en un personaje frecuente allí donde hubiera música en Serón.

---

102 MARINA CANO, *Mis recuerdos de Dª Remedios Martínez "La pianista"*. Almería, Ms, 2021, p. 20.

103 JOSÉ ANTONIO TORREBLANCA, *Carta a Remedios Martínez y José Rodríguez*. Madrid, mecanografiada, 19 marzo 1948, 2 p. ARM. Torreblanca afirma ya en 1948 que Leovigildo "quiere probar un aparato acústico y necesita que yo le asesore."

Serón: en la Escuela de Doña Laura

Remedios [María de los Remedios Enriqueta Francisca] Martínez Moreno nació el 25 de febrero de 1903 en el domicilio familiar de la Calle Real[104]. Como el resto de sus hermanos, desde sus primeros años entró en contacto con la música de la mano de su padre, y muy pronto comenzaría también su formación en solfeo y piano con el "Maestro Música", Antonio Plaza.

En estos primeros años, posiblemente por mediación del Maestro Plaza —que conocía bien la fábrica—, su padre compró un piano de la prestigiosa casa *López y Griffo* de Málaga. Su desahogada situación económica le permitió comprar el modelo más alto de toda la gama de la fábrica: el nº 7, de concierto, con el precio más elevado del catálogo (1900 pesetas)[105].

Al mismo tiempo comenzó sus estudios en la Escuela de niñas que regentaba la maestra y propietaria Doña Laura de Luca Velasco. En 1902 esta Escuela contaba con 80 alumnas,

---

104 Acta de nacimiento. RCS, sección 1ª, tomo 27, p. 17, nº 16.

105 Catálogo de la Fábrica de pianos "López y Griffo", p. 21. En: GARCÍA MONTORO, Cristóbal. *Pianos de Málaga. Artesanía e industria. De Montargón a López y Griffo*. Málaga: Ayuntamiento de Málaga, Museo del Patrimonio Municipal, 2018, p. 50. Este piano (nº serie 1965) ha sido donado por la familia al Centro de Historia de Serón «Juan Torreblanca Martínez».

Pianos ☙ López y Griffo ❧ Málaga

Modelo núm. 7
Exterior

141 ⁿ/ₘ de altura
164 » » ancho

De Concierto, cuerdas cruzadas, 7 octavas y cuarto. Cuadro y clavijero de hierro, finamente bronceado, máquina de armazón metálica y barras niqueladas, á apagadores por debajo, molduras curvadas, dobles candelabros, consolas talladas, mueble rico, grabado en negro y oro.

Precio: 1.900 Pesetas

Imagen 19. Piano López y Griffo modelo nº 7, de Concierto.

30 de ellas menores de seis años, 40 entre seis y diez años y 10 mayores de diez. En la primeraf década del siglo XX experimentó un considerable aumento de niñas en edad escolar, lo que llevó a Doña Laura a solicitar en 1910 la conversión en Escuela Graduada con tres secciones y una maestra para cada grado: párvulos (hasta los 6 años), elemental (hasta los 8) y superior (hasta los 10), que estuvieron repartidas en distintos locales y casas de las calles Real y Olmo, incluido el local del teatro, en la plaza del Ayuntamiento[106].

El vestido y el sombrero de Remedios ya denotan la buena situación económica de la familia. Y se recuerda

---

106 FLORENCIO CASTAÑO, "La Casa-Escuela de niñas", *Al-cantillo*, nº 63, agosto 2017, p. 48.

107 A su izquierda aparece Marina García, amiga y vecina durante toda su vida. Agradezco a la familia Cano García toda la información aportada para este trabajo.

62

Imagen 20. Remedios Martínez (4ª izda. abajo) en la Escuela de niñas de Doña Laura (Serón, c. 1907)[107]

que "Remeditos vestía como ninguna niña en el pueblo, siempre con zapatos y sombrero"[108]. Ya en esos años "siempre estaba estudiando y jugaba poco [...] como Remeditos no se bajaba a la calle, yo me sentaba en el tranco para oírla tocar [...] También se sentaban personas mayores, pues por entonces, no había muchos pianos en Serón"[109].

Durante su infancia, Remedios pasaba muchas horas al piano, con un sentido de la obligación y una disciplina impuesta por su padre. Así, en la imagen de su Primera Comunión, hacia 1910, podemos apreciar un desarrollo en la anchura de su mano derecha que puede estar motivada por las horas de estudio del piano, además de una longitud natural de los dedos.

---

108 MARINA CANO, *Mis recuerdos de Dª Remedios Martínez "La pianista"*. Almería, Ms, 2021, p. 16.

109 Recuerdos de su amiga Marina García recogidos por su hija. *Ibidem*.

63

Imagen 21. Remedios Martínez en su Primera Comunión (c. 1910).

Junto a su padre y su hermano Enrique, en los primeros pasos musicales de Remedios destaca la figura brillante de Antonio Plaza, que supo encaminar su talento enseñándole solfeo y los inicios del piano. Es muy posible que ya en sus comienzos se ejercitara en la lectura a primera vista de una gran cantidad de partituras del "Maestro Música", y que éste la guiara también en el conocimiento de una gran diversidad de estilos musicales, fruto de su experiencia como organista en la iglesia, director de Bandas en Serón y Málaga, y maestro de música de todos los integrantes de esas bandas.

Aunque no los podemos datar con exactitud, nos han quedado algunos documentos del talento de Remedios, ya conocido en Serón por todos los personajes relevantes. Así, Juan Manzanares Martínez, amigo de la familia, que llegó a ser director de la banda de Serón (1919-1924) y alcalde en 1936, le regala una partitura de "La Cruz Roja. Himno - Marcha Militar" de A. Peñalva y escribe[110]:

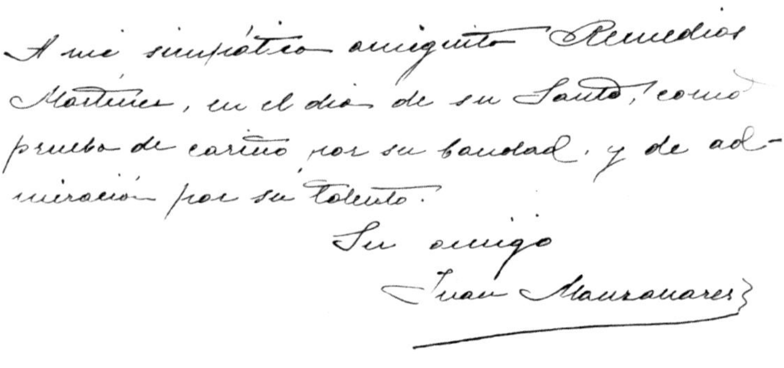
A mi simpático amiguito Remedios Martínez, en el día de su Santo, como prueba de cariño por su bondad, y de admiración por su talento.
Su amigo
Juan Manzanares

Imagen 22. Juan Manzanares, Dedicatoria a Remedios Martínez (c. 1910).

110 Ángel Peñalva, *La Cruz Roja. Himno - Marcha Militar*. San Sebastián, Casa Erviti. ARM.

Madrid: un nuevo lucero del arte (1912-1914)

En la partida de nacimiento de Remedios consta en una anotación al margen que "Se libró certificación el 22 de agosto de 1912"[111]. Sin duda, esta certificación de la partida de nacimiento era el requisito para formalizar su matrícula como alumna libre —solo para presentarse a examen sin necesidad de ir a clase— en el Conservatorio de Madrid, donde un mes después, el 20 de septiembre, realizó el examen de ingreso y el del primer curso de solfeo, —"después de brillantísimos ejercicios"— obteniendo la calificación de "sobresaliente".

Una breve reseña en la sección de "Noticias" de *El País* destaca además sus cualidades:

> Auguramos un excelente porvenir a dicha niña, pues aparte de las demostraciones de saber de las que ha hecho gala, asombró con su precocidad a los profesores y a cuantos han presenciado los exámenes[112].

En esta misma reseña se felicita a su padre, "nuestro querido amigo de Serón (Almería) D. Enrique", que ya debía ser conocido en los círculos sociales, los cafés y las tertulias

---

111 Acta de nacimiento. RCS, sección 1ª, tomo 27, p. 17, nº 16.
112 "Noticias", *El País*, 23 septiembre 1912, p. 3.

de Madrid en septiembre de 1912. Esta circunstancia, junto a la aparición de la noticia en el diario republicano *El País*, nos lleva a plantear la hipótesis de que Remedios pudiera llevar ya algún tiempo en Madrid cursando estudios musicales. Podría haberse matriculado en la Sociedad obrera "El Fomento de las Artes", institución filantrópica que difundía la cultura en un local céntrico de Madrid, cuya sección de música fue fundada y dirigida por Pilar Fernández de la Mora, ofreciendo además clases de piano "para estímulo de los obreros artistas"[113].

Y la Luz: Pilar Fernández de la Mora

A la increíble evolución de Remedios Martínez como precoz pianista, además del "Maestro Música", contribuye de una manera muy especial la que fuera su maestra en Madrid —y a distancia después—, Pilar Fernández de la Mora.

Nació en Sevilla en 1867 en una familia que servía a la Casa Real en el Alcázar. Allí recibe lecciones del gran pianista virtuoso y compositor húngaro Oscar de la Cinna, profesor de cámara de la Reina Isabel II. Con solo 9 años se presenta ante el público en el Gran Teatro de Cádiz y toca también ante la aristocracia en recepciones palaciegas[114].

En 1878, con tan solo once años se traslada a Madrid, donde alterna conciertos en Palacio, en el Conservatorio y en la Sociedad de Conciertos. Bajo el magisterio del pianista Juan María Guelbenzu llegó a ser la pianista predilecta de la monarquía borbónica alfonsina y de los salones aristocráticos de la época, interpretando obras de Chopin y sonatas de Scarlatti, Mozart o Beethoven.

---

113 ROGELIO VILLAR, *Músicos españoles*, p. 14.

114 CARMEN RAMÍREZ, "Una hora de mecanismo: propuesta pedagógica para piano de Pilar Fernández de la Mora (1867-1929)", *Quodlibet* 65, 2 (2017), pp. 38-39.

En 1881 asombra al gran pianista y compositor ruso Anton Rubinstein —fundador del Conservatorio de San Petersburgo—, que la anima a continuar sus estudios en París pensionada por el Rey. Tras dos años de formación con la profesora Louis Masson, fue la primera pianista española en conseguir el Primer Premio del Conservatorio de París.

Inicia después una carrera fulgurante como concertista internacional en las principales capitales europeas, tocando junto a grandes figuras como la pianista venezolana Teresa Carreño, los violinistas Pablo Sarasate y Enrique Fernández Arbós..., en grandes teatros y casas aristocráticas, destacando las críticas su ejecución perfecta y vigorosa, su expresión y su personalidad artística.

De regreso a Madrid, fue la primera mujer en ganar una plaza de profesora numeraria de piano en el Conservatorio de Madrid en 1896, compitiendo con otros seis candidatos masculinos[115]. A partir de entonces se dedica casi por entero a la enseñanza en el Conservatorio, en clases privadas —en su casa de la Plaza de Oriente 2, junto al Teatro Real— y en la Sociedad obrera "El Fomento de las Artes":

> [...] llegó al profesorado en plena juventud y en pleno triunfo. Y tuvo el arte de hacer de su clase un hogar de entusiasmo, de salvador optimismo, de ardor de corazón [...] No solamente les prodigaba los tesoros de su

---

115 Nieves Hernández, "Educación musical y proyección laboral de las mujeres en el siglo XIX: el Conservatorio de Música de Madrid", *Trans*, 15 (2011), p. 25. Entre las anécdotas de esta plaza debemos señalar que Enrique Granados había realizado la solicitud, pero por enfermedad no pudo presentarse. Es más, Francisco Cuenca llega a afirmar en su *Galería de Músicos Andaluces* (p. 91) que "El célebre Isaac Albéniz fue uno de los opositores", pero consultadas las actas de la oposición, no aparece Albéniz entre los aspirantes. En la memoria de la familia de Remedios Martínez se mezcla esta oposición con una hipotética plaza a la que se presentara posteriormente la propia Remedios, "ganando la plaza al mismísimo José Cubiles". Consultada la documentación de la oposición de Cubiles en 1915, tampoco aparece Remedios Martínez entre los aspirantes.

Imagen 23. Retrato de Pilar Fernández de la Mora
de Pau María Bertrán Tintoré (París, 1891)[117]

experiencia artística, transmitiéndoles la gran tradición pianística del siglo XIX, que ella había recogido en las más puras fuentes, sino que les dedicaba su vida entera, enseñándoles el arte de vivir, dándose en lección constante, en alto ejemplo de sacrificio, de abnegación, de desinterés. En muchos casos ha llegado a proporcionar medios de vida, hasta a mantener materialmente a los alumnos que lo necesitaban (...)[116].

Este retrato de su labor como profesora realizado por Julio Gómez, compositor, bibliotecario y compañero de la Maestra, coincide también con el que hace otro personaje fundamental de Madrid en esos años, el compositor y crítico Rogelio Villar:

Una maestra de esta clase es Pilar F. de la Mora, por fortuna para la enseñanza musical en España. No es solamente la Mora una gran artista; es una mujer excepcional, de dotes de carácter insuperables para la enseñanza, por su fuerza de voluntad, por la potencia sugestiva que estimula a los alumnos más débiles, por el amor que pone en la misión educativa, a la que ha consagrado su vida entera [...]

Otro aspecto del temperamento y de la sensibilidad de Pilar F. de la Mora es el del apoyo moral y material que presta a sus discípulos necesitados [...] da lecciones gratuitamente en muchos casos, y no sólo se concreta a realizar estas acciones de filantropía pedagógica, sino que paga el alquiler del piano y compra la música a sus alumnos pobres [...][118]

---

116 Julio Gómez, "Pilar Fernández de la Mora", *Boletín Musical,* septiembre-octubre 1929, pp. 1-3.

117 Nº inventario: RCSMM-2009-PCT-007, imagen cedida por la Colección Museográfica del Real Conservatorio Superior de Música de Madrid.

118 Rogelio Villar, *Músicos españoles*, p. 14.

En esos años la enseñanza estaba dividida por géneros, dedicándose las profesoras a la enseñanza exclusivamente de niñas. Así, de su clase salieron también Dolores Beinages, Elisa Távares, Pilar Navarro, Lutgarda Margañón, Josefa Bustamante, María del Carmen Coll y Elisa Lahoz, entre otras. Además, por una disposición oficial solicitada por la Reina Cristina al Ministro de Instrucción Pública, le fue concedida autorización para impartir clase también a alumnos, destacando entre ellos José Cubiles —"su discípulo predilecto"—, Antonio Lucas Moreno y el compositor Julián Bautista.

Decir que los alumnos de la Mora se distinguían en los concursos a premios no es menospreciar el trabajo meritorio de otros profesores. La preparación persistente, sin desmayos, cuyo resultado era una técnica segura, un juego brillante, un no sé qué especialísimo hasta en la manera de presentarse, que daba al auditor la impresión de dominio, de perfección; y aunque la interpretación sea un arte personalísimo sujeto siempre a discusión, como el buen gusto era innato en la eminente profesora, sus alumnos no podían amanerar las obras con desplantes y latiguillos antiartísticos por un equivocado pretexto de personalidad; y si á esto se añade un empleo inteligente y artístico de los pedales, se tendrá una aproximada visión de la intensidad y el arte con que la Mora trabajaba y hacía trabajar a sus alumnos más aventajados[119].

A la pasión por enseñar y su generosidad para con sus discípulos, hemos de añadir que su propia condición de niña prodigio le confirió una cualidad muy especial para enseñar a niños con altas capacidades. Así, además de Remedios, por esos años pasaron por sus clases otros niños

119 ROGELIO VILLAR, "In Memoriam Pilar Fernández de la Mora (1867-1929)", La Esfera, nº 825, 26 octubre 1929, p. 14.

Imagen 24. Pilar Fernández de la Mora en los años de magisterio a Remedios.[120]

que asombraron por su precocidad y sus logros tempranos, como Leonor [Norita] Pereira, y bien podrían estas palabras retratar también la relación que la Maestra tuvo con Remedios:

> Su profesora, doña Pilar Fernández de la Mora, siente gran cariño por Norita y redobla su interés en la educación musical de esta portentosa criatura, que, cuando todavía no llega con sus pies a los pedales, tiene ya fama de artista excepcional[121].

120 ROGELIO VILLAR, "Artistas españolas. Pilar Fernández de la Mora", *LIEA*, nº 38, 15 octubre 1917, pp. 596-597.
121 "Niña prodigio. Norita Pereira", *LCE*, 16 enero 1914, p. 4.

Norita Pereira
Notable concertista, pensionada por S. M. la Reina
Cristina, que á los siete años se ha examinado de ocho
cursos en el Conservatorio de Madrid, obteniendo ocho
sobresalientes y causando la general admiración de los
examinadores y del público que asistió á los ejercicios

Imagen 25. Leonor Pereira en 1914.[122]

---

122 "Varias figuras de actualidad. Norita Pereira", *Mundo Gráfico*, 22 julio 1914,
p. 12.

Una niña precoz

Como de costumbre, se están verificando este año con gran solemnidad los exámenes de alumnas en el Conservatorio de Música y Declamación.

Pocas han sido, en verdad, las notas de sobresaliente otorgadas, pues el Tribunal, haciéndose justicia a sí mismo, solo ha premiado con esta calificación a las verdaderamente merecedoras de ella.

Una de las distinguidas con tal honor, por sus excepcionales condiciones de talento, laboriosidad y facultades, ha sido la niña de diez años Remedios Martínez Moreno, hija de nuestro querido amigo de Serón (Almería), D. Enrique Martínez. Cinco exámenes ha sufrido la precoz muchacha, habiendo aprobado los dos últimos años de solfeo y los tres primeros de piano, en todos los cuales ha merecido la nota de sobresaliente[123].

En junio de 1913 Remedios se examina de los cursos restantes de solfeo y hasta tercero de piano, todos con la calificación de sobresaliente. Al cursar sus estudios como alumna libre —probablemente para no estar sujeta al ritmo de clases semanales como alumna oficial durante todo el curso en Madrid—, no aparece en las reseñas periodísticas como alumna de ningún profesor.

No podemos documentar cuándo inicia Remedios sus estudios con Pilar F. de la Mora, ni tampoco ningún contacto previo con la Maestra en los exámenes realizados en Madrid[124]. No obstante, en un volumen de partituras de Remedios fechado en 1913 hallamos una copia manuscrita

---

123 "Una niña precoz", *El País*, 18 junio 1913, p. 3.

124 En los Libros de Actas de Enseñanza No Oficial de 1911-1912 y 1912-1913 de los cursos de solfeo y piano y en las actas de exámenes que realizó en el Conservatorio de Madrid no consta como miembro del tribunal la profesora Pilar Fernández de la Mora. ARCM, Signaturas: 323 y 326. Agradezco a Fernando Gilgado la remisión de la información.

Imagen 26. Pilar Fernández de la Mora, *Una hora de mecanismo* (c. 1900).

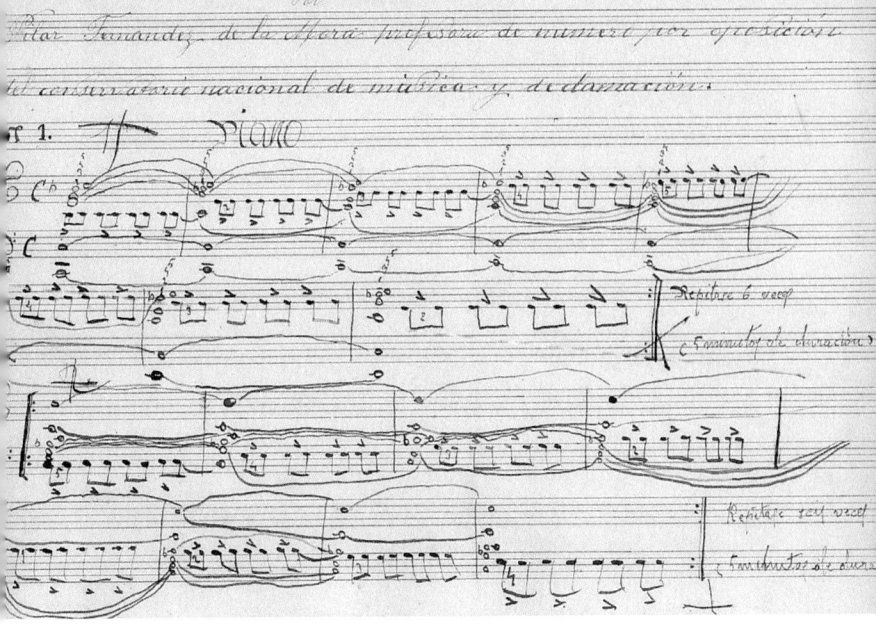

Imagen 27. Copia manuscrita de P. F. de la Mora, Una hora de mecanismo
(ARM, c. 1913)

de *Una hora de mecanismo: ejercicio técnico diario para piano*[125], un cuaderno de seis páginas que Pilar F. de la Mora había publicado hacia 1900[126], y que tuvo una gran difusión posterior, pues en 1903 iba ya por su cuarta edición[127].

Es una copia apresurada —como indica la grafía musical de una niña de diez años—, probablemente hecha de un original impreso en casa de la propia maestra, y está llena de anotaciones de revisión (en otra grafía): digitaciones, cruces o "R" para pasar un ejercicio, "repítase 6 veces" o "suelta la muñeca", que probablemente pertenecen a la propia Pilar F. de la Mora.

125 *Una hora de mecanismo: ejercicio técnico diario para piano*, Ms, ARM, c. 1913.
126 Pilar F. de la mora, *Una hora de mecanismo: ejercicio técnico diario para piano*, Madrid, Sociedad Didáctico-Musical.
127 Carmen Ramírez, "Una hora de mecanismo...", p. 37n.

Sin lugar a dudas, estos estudios privados con su maestra en Madrid se debieron intensificar en el curso siguiente, pues en septiembre de 1914 se examinó de cuarto, quinto, sexto, séptimo y octavo de piano, llamando "poderosamente la atención por su precoz maestría":

En los exámenes recientemente verificados en el Conservatorio Nacional de Música y Declamación, ha llamado poderosamente la atención por su precoz maestría en la ejecución de los ejercicios correspondientes, la hermosa niña de diez años Remedios Martínez Moreno, natural de Serón, provincia de Almería.

Ya el pasado año aprobó, con nota sobresaliente, y causando la admiración de los tribunales y del auditorio, el segundo y tercer curso de solfeo y los tres primeros años de piano.

Este año, y en los días 22 y 23 del corriente, y asimismo con nota de sobresaliente, aprobó los cursos cuarto, quinto, sexto, séptimo y octavo de piano.

La pequeña y linda artista fue calurosamente felicitada por los examinadores, señores Larregla, Mondéjar, Sarmiento, Serrano Sáiz, Monje, Fernández Grajal, Guervós, Tragó, Espino, Robles y Cardona, señora Mora y señoritas Salgado y Aguilar.

Después del último examen la joven pianista ejecutó a maravilla, ante su selecto e inteligente auditorio, la "Rapsodia", de Liszt, y tales muestras dio de maestría y dominio en el arte, que como colofón a su éxito brillantísimo y excepcional, el público la aplaudió entusiasmado, saludando con su espontánea ovación a un nuevo lucero del arte, que en edad tan temprana muestra su valía extraordinaria y su mérito excelente.

Nuestra enhorabuena a sus padres y maestros.

Únase nuestro aplauso sincero al de los espontáneos ovacionadores de la niña artista[128].

---

128 "Una niña prodigio", *LCM*, 29 septiembre 1914, p. 3.

La niña Remedios Martínez, de diez años, natural de Serón (Almería), que después de brillantes ejercicios, ha aprobado, con nota de sobresaliente, el segundo y primer curso de solfeo, y los cuarto, quinto, sexto, séptimo y octavo de piano, causando la admiración del auditorio.

Imagen 28. "La niña Remedios Martínez", La Tribuna, 9 octubre 1914, p. 8.

El día 23 de septiembre de 1914, a las tres de la tarde, estaba convocada al último examen para terminar la carrera, octavo de piano. Ya había llamado la atención en los exámenes anteriores y, tal como relata la prensa, tras terminar el examen y ser felicitada por el tribunal, tocó la *Rapsodia Húngara* nº 2 de Franz Liszt[129], provocando el entusiasmo del público asistente:

> Después de los ejercicios brillantísimos, justamente encomiados por los respectivos Tribunales, ejecutó maravillosamente, ante selecto auditorio, la rapsodia de Liszt, siendo entusiásticamente ovacionada y felicitada[130].

En esos años, "la complicada y enrevesada «Rapsodia» de Liszt" era una obra conocida por el público madrileño en conciertos de grandes pianistas como Artur Rubinstein: "las melodías aparecen claras, concisas, en el torbellino de notas, inconfundible por aquel solfeo divino de arte reservado a los elegidos"[131]. También forma parte del repertorio de la Orquesta Sinfónica[132] y, como fruto de su popularidad, se incorpora en 1915 al repertorio de la Banda Municipal de Madrid[133].

El asombro que causaría Remedios —al realizar sus exámenes y terminar la carrera tan brillantemente en el Conservatorio de Madrid— debió ser enorme, pues, además de las reseñas publicadas en los periódicos *La Correspondencia Militar* y *La Tribuna*, éste último diario publicó a la semana siguiente una foto de la joven pianista.

En estos años la reproducción de imágenes en los periódicos no era muy común, y estaba reservada para personajes relevantes, como la soprano Isabel Tofé —cuya foto

---

129 Encuadernada en el Libro 6º de partituras. ARM.
130 "De todo. En los exámenes", *La Tribuna*, 30 septiembre 1914, p. 4.
131 "Crónica", *Arte Musical*, 39, 15 agosto 1916, p. 6.
132 "Entre bastidores", *El Liberal*, 11 diciembre 1914, p. 6.
133 "Concierto de la Banda Municipal", *El Liberal*, 1 febrero 1915, p. 4.

Imagen 29. Remedios Martínez al finalizar la carrera de piano en Madrid.

aparece en la misma página— que había "cantado con gran éxito «El Trovador» en el teatro de Price" en Madrid.

Así, entre el 20 de septiembre de 1912 y el 23 de septiembre de 1914, en dos años y tres días, Remedios Martínez culminó brillantemente los tres cursos de solfeo y los ocho de piano que completaban la carrera de Profesora de Piano, todos con Sobresaliente, como consta en la Certificación Académica firmada por el compositor Tomás Bretón, entonces Director del Real Conservatorio de Música y Declamación de Madrid.

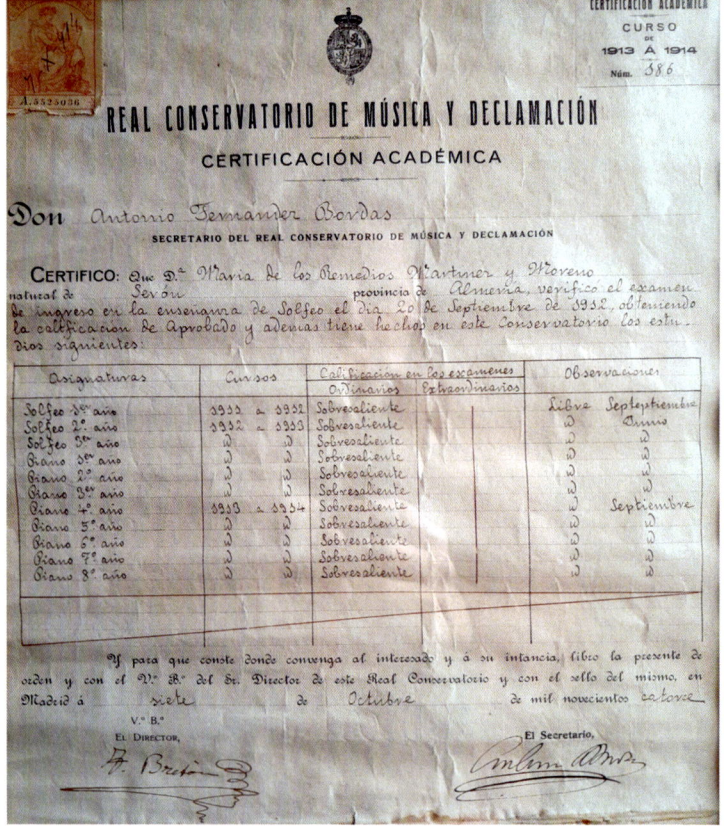

Imagen 30. Certificación académica de Remedios Martínez.

Almería:
El triunfo de Remedios Martínez
(1915)

Entre nosotros se encuentra la bella niña Remedios Martínez, natural de Serón, que apenas cuenta diez años y es un verdadero prodigio en el divino arte de Mozart.

Ya tiene aprobada la carrera de pianista y toca de manera tan magistral que maravilla a cuantos la escuchan y admiran ese don natural, con que Dios la ha colmado[134].

En el Gobierno Civil

A los cuatro meses de terminar la carrera en Madrid, el 16 de enero de 1915, en los salones del Gobierno Civil de Almería —entonces situado en un edificio del Paseo del Príncipe esquina con Méndez Núñez[135]— tuvo lugar un recital de presentación de Remedios Martínez en la sociedad almeriense por invitación de Marcial Carballido, entonces Gobernador Civil. La prensa local se hace eco de la admiración que despertó la pianista, destacando que ofreció una selección "de su vasto repertorio"[136]: las sonatas de Beetho-

---

134 "Notabilidad. Niña prodigio.", *CM*, 17 enero 1915, p. 3.
135 ALFONSO RUIZ, "El Gobierno Civil de Almería y el historicismo de posguerra", *Cuadernos De Arte De La Universidad De Granada*, XXIV (1993), p. 251.
136 F. J. de la P., "Notable artista. Una niña almeriense", *LI*, 17 enero 1915, p.

ven nº 14 (Claro de Luna) y nº 15 (Pastoral), dos grandes obras que exigen unas capacidades técnicas e interpretativas de madurez. Además, mostró una de las cualidades que la caracterizaron como pianista: la lectura a primera vista de obras desconocidas para ella con una interpretación propia de un concierto. En este recital le pidieron que leyera el *Nocturno* op. 9 nº 2 de Chopin:

> Ejecutó maravillosamente y con la delicadeza propia del genio, las difíciles sonatas XV y XIV de Beethoven (Claro de Luna) y el II nocturno de Chopin, debiéndose hacer notar que ésta última la desconocía y que a instancias de los concurrentes tomó el papel y repentizó la pieza con la misma seguridad que si la hubiera dominado siempre, lo que acrecentó el entusiasmo y las simpatías que entre el auditorio reinaba[137].

El cronista, además, se hace eco de la promesa del presidente de la Diputación de "pensionar a la pequeña artista, como premio a sus valiosísimos méritos". Esta pensión no se pudo hacer realidad, debido a los continuos cambios de cargos políticos en esta época. Marcial Carballido cesaría como Gobernador Civil en julio de ese mismo año[138] y antes cambiaría en mayo el Presidente de la Diputación presente en ese recital, Manuel Esteban[139]. Esa promesa coincide además con una "angustiosa situación económica de la Diputación" que llevan al nuevo Presidente a renunciar a gastos de representación[140]. Así, cuando en noviembre de ese mismo año, sin duda recordando esa promesa, Enrique Martínez dirige una

---

1. (Reproducido íntegramente en Anexo I).

137 *Ibidem.*

138 PEDRO MARTÍNEZ, *La dictadura de Primo de Rivera en Almería (1923-1930). Nuevas leyes para un nuevo régimen.* Tesis Doctoral. Universidad de Almería, 2005, p. 46.

139 *Actas de Sesiones Plenarias.* ADA, 7 mayo 1915, p. 18.

140 *Actas de Sesiones Plenarias.* ADA, 20 noviembre 1915, p. 2.

instancia solicitando una pensión para que su hijo Leovigildo complete su formación artística en Madrid durante tres años, la Diputación la deniega debido a la difícil situación económica de la Corporación[141].

La reseña de este primer concierto de presentación de Remedios en Almería, termina en un estilo apasionado y grandilocuente del cronista, propio de la prensa de la época, para pedir a la ciudadanía almeriense que organice otro recital a la artista:

En nombre de todos los devotos de la música, aliento a los hijos de esta tierra, que siempre han dado la más alta prueba de cultura, para que organicen un concierto en honor de esta futura gloria artística, nacida casi en este suelo, con lo que se honrarán, presentándola por primera vez ante público, y proporcionando un obsequio, tal vez necesario, a la que con su nombre enaltecerá siempre su patria[142].

En la casa López y Griffo

Así, a los dos días de su presentación en el Gobierno Civil, Remedios ofreció otro concierto en los salones de la sucursal que la fábrica de pianos de Málaga *López y Griffo* tenía en el Paseo del Príncipe nº 21 en Almería.

En esta ocasión, "además de los clásicos", amplió su repertorio con la *Segunda Rapsodia* de Liszt, obra con la que había recibido una gran ovación al terminar su examen de octavo de piano en el Conservatorio de Madrid unos meses antes:

---

141 *Actas de Sesiones Plenarias*. ADA, 27 noviembre 1915, p. 9.
142 F. J. de la P., "Notable artista...", p. 1.

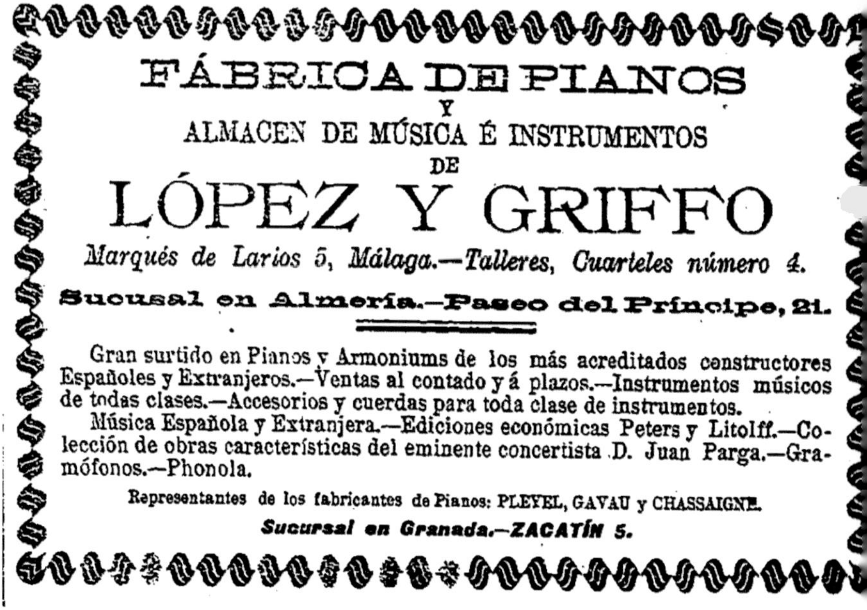
FÁBRICA DE PIANOS
Y
ALMACEN DE MÚSICA É INSTRUMENTOS
DE
LÓPEZ Y GRIFFO
Marqués de Larios 5, Málaga.—Talleres, Cuarteles número 4.
Sucusal en Almería.—Paseo del Príncipe, 21.

Gran surtido en Pianos y Armoniums de los más acreditados constructores Españoles y Extranjeros.—Ventas al contado y á plazos.—Instrumentos músicos de todas clases.—Accesorios y cuerdas para toda clase de instrumentos.

Música Española y Extranjera.—Ediciones económicas Peters y Litolff.—Colección de obras características del eminente concertista D. Juan Parga.—Gramófonos.—Phonola.

Representantes de los fabricantes de Pianos: PLEYEL, GAVAU y CHASSAIGNE.

Sucursal en Granada.—ZACATÍN 5.

Imagen 31. Anuncio inaugural de la sucursal en Almería de la Casa López y Griffo en 1904.[143]

Nos encantó durante más de dos horas haciéndonos oír a los clásicos de irreprochable manera, pero donde nuestro entusiasmo subió, fue al escuchar la segunda Rapsodia de Liszt, obra que por ser muy conocida, aún los ignorantes la sabemos de memoria; hay que tener en cuenta que Remeditos, dada la pequeñez de su mano, solo alcanza bien las quintas; las sextas las coge ya con dificultad y por tanto no hay que hablar de las octavas, las cuales no sabemos como hace[144].

Además, volvió a hacer gala de su facilidad para leer a primera vista, asombrando al auditorio aún más cuando repentizó la *Cracovienne fantastique* Op. 14 nº 6 de Paderewski, una obra endiablada del pianista y compositor polaco, que aún hoy se interpreta en los concursos de piano[145]:

143 "Fábrica de Pianos" [anuncio], *El Radical*, 19 abril 1904, p. 3.

144 "La niña prodigio Remedios Martínez", *CM*, 20 enero 1915, p. 1.

145 Ignacy Jan Paderewski, *Humoresque de Concert: Cracovienne fantastique*, Op.

Hay en ella algo de instintivo que no se aprende, y es que ha nacido para ser artista; la música la lee con rara perfección, hasta el extremo de tocar a primera vista obras como la Cracorrome Fantástico de Paderewski, de muchas dificultades, aún para los profesionales acostumbrados a leer.

De hecho, el mismo cronista nos relata cómo, tras el recital, Remedios cuenta su encuentro en el Conservatorio de Madrid con Pepito Arriola (1895-1954), que unos años antes había sido un niño prodigio conocido como "El Mozart español":

A pesar de su corta edad, se expresa admirablemente. Nos dijo que al ir a su último examen en el Conservatorio de Madrid, conoció a Pepito Arriola el cual le hizo que tocara delante de él.

¿Y qué dijo Arriola? –le preguntamos nosotros. Y nos contó con gran ingenuidad: Llevarse las manos a la cabeza y decir que repentizaba muy bien.

No duda el periodista en calificar a Remedios de niña prodigio, augurándole un gran futuro y reconociendo sus dotes extraordinarias, casi sobrenaturales:

Esta niña prodigio, como la hemos bautizado nosotros, está llamada a alcanzar fama y gloria mundial, pues maravilla hasta donde podrá llegar, cuando lleve de práctica otros ocho o diez años.

Todos, pues, debemos interesarnos por la suerte de esta pequeña compatriota nuestra para orillarle cuántas dificultades se le presenten.

Al oírla ejecutar con tan sencilla facilidad, el ánimo se sobrecoge, como ante una cosa extraordinaria y sobrenatural.

---

14 nº 6. Pierdomenico Leonardo, 11th International Paderewski Piano Competition 2019. En: https://www.youtube.com/watch?v=RZMQAsGfWCU

En el Casino

La expectación que despertó la presentación de Remedios en la sociedad almeriense fue inmensa, y ya desde el día siguiente a su concierto en el Gobierno Civil, la prensa anunciaba un próximo concierto que tendría lugar en el Casino el 24 de enero:

El próximo domingo, a las cinco de la tarde, habrá en el Casino otra brillante fiesta. La notable niña Remedios Martínez, que tan magistralmente ejecuta en el piano las más notables composiciones, dará un escogido concierto[146].

Conforme se va acercando la fecha, la prensa sigue ofreciendo noticias del concierto, incluyendo en portada el posible programa, para llamar aún más la atención de los asistentes:

Como teníamos anunciado, el próximo domingo ejecutará un concierto en el Casino la notable pequeña artista Remedios Martínez, que según noticias, es posible nos de a conocer el siguiente escogido programa.

PROGRAMA

PRIMERA PARTE:

1º Minuetto.- Paderewski.

2º Sonata XV de Beethoven.

3º Vals en re bemol de Chopin

SEGUNDA PARTE:

1º Sonata XIV de Beethoven.

2º Nocturno en mi bemol de Chopin.

3º ¡Viva Navarra! Jota, de Larregla.

Oportunamente publicaremos el programa oficial, aunque nos aseguran diferirá poco del anterior.

---

146 "Obsequio merecido. Un té en el Casino", *LI*, 18 enero 1915, p. 1.

Esperamos que dada la grandísima expectación que ha despertado esta artista y lo culto de la fiesta, acuda a ella numerosa concurrencia.

Para aquella nos dicen enviará la casa López y Griffo uno de sus acreditados pianos y prestarán su concurso los empleados de la casa, con el fin de dar facilidades para que el concierto no carezca de la brillantez que requiere la artista.

Por anticipado, nuestros aplausos a ella, y a los organizadores, que atendieron las indicaciones que hace días hicimos[147].

El programa anunciado se fundamentaba de nuevo en los "clásicos", con las dos grandes sonatas de Beethoven como eje central del mismo (nos 14 y 15). Le precedía una pieza breve de Paderewski, basada en un inocente minueto (op. 14 nº 1) que va añadiendo dificultades en cada repetición, y terminaba la primera parte con el rápido "vals del minuto" (op. 64 nº 1) de Chopin. La segunda parte comenzaba con la sonata "Claro de luna", para continuar con el precioso nocturno de Chopin (op. 9 nº 2) —que había leído dos días antes en casa de gobernador— y terminaba con una "jota de concierto" virtuosística de Joaquín Larregla, pianista y compositor navarro, profesor del Conservatorio de Madrid, que había felicitado entusiásticamente a Remedios en septiembre de 1914 al terminar su examen final de piano.

Al día siguiente, tanto *La Independencia* como *La Crónica Meridional* vuelven a publicar el programa en portada, haciendo referencia a la atenta invitación enviada por el Presidente del Casino, y a la admiración que despierta la "prodigiosa artista"[148]. Incluso el mismo día del concierto la prensa anuncia en portada la "grandísima animación", des-

---

147 "En el Casino. El concierto del domingo", *LI*, 22 enero 1915, p. 1.
148 DANDY, "En el Casino. Una fiesta", *LI*, 23 enero 1915, p. 1; "Concierto en el Casino", *CM*, 23 enero 1915, p. 2.

tacando que "el programa no puede ser más escogido, ni de una delicadeza más apropiada para la artista"[149].

Y las expectativas se cumplieron. Si en los dos conciertos anteriores Remedios había tocado en salones privados (Gobierno Civil, Casa de pianos López y Griffo) para un grupo muy reducido de oyentes, el concierto en el Casino supuso su verdadera presentación en la sociedad almeriense, con un público más amplio.

Creada en 1840, la sociedad del Casino proporcionaba ocio y cultura a una clase burguesa creciente en Almería, que se había enriquecido con actividades mineras, agrícolas (uva) y portuarias en la segunda mitad del siglo XIX. En 1905 trasladó su sede a una gran vivienda del final del Paseo, con una suntuosa entrada de escalera doble y claraboya, y grandes salones en las plantas superiores[150]. En el salón de baile de esta distinguida sociedad, con una capacidad para más de doscientas personas, actuó Remedios ante más de cuarenta señoras y cincuenta señoritas (citadas una a una por la prensa con nombre y apellido), y "de ellos [hombres] asistían en su totalidad personalidades de carácter oficial, clase pudiente y lucida representación del elemento joven"[151].

"El triunfo de Remedios Martínez", así titula la portada del periódico *La Independencia* su reseña del concierto:

> Ni el lujo del lugar en que se veía, para ella bien desconocido, ni los elegantes y ricos atavíos de las damas, ni el exceso de luz, impresionaron su adolescente imaginación, para que ejecutase las difíciles y selectas piezas, con una precisión, un gusto y una seguridad, que arrancaron frenéticas demostraciones de entusiasmo.

---

149 DANDY, "En el Casino. El concierto de esta tarde", *LI*, 24 enero 1915, p. 1.

150 FERNANDO CHUECA, «Casino cultural de Almería», *Boletín de la Real Academia de la Historia*, vol. 181, n ° I, 1984, pp. 122-123.

151 DANDY, "En el Casino. El triunfo de Remedios Martínez", *LI*, 25 enero 1915, p. 1.

Imagen 32. Salón de baile del Casino de Almería

Triunfó Remedios Martínez, porque nació para ello, y porque fue dotada de esa luminosa inspiración que caracteriza al genio. Para ella quisiera expresar con mi pluma todas las emociones que desde que la conozco embargan mi espíritu, pero carezco de las condiciones que para comprenderla se necesita; Remeditos vaga por donde mi inteligencia no llegará nunca, y por ello, con decir que la admiro y que ambiciono sean interminables sus glorias, creo queda dicho muy poco, pero todo lo que yo puedo de esta artista[152].

También la *Crónica Meridional* nos describe el concierto, con mayor información sobre la música:

Esa niñita, de ojos negros, donde el genio ha imprimido en sus pupilas las llamaradas, que vestidita de blanco tomaba por primera vez parte en un concierto, podrá en el mañana, cercano para ella, dar a su patria gloria y renombre. Por eso no es de extrañar que el Casino abriera sus

---

152 DANDY, "En el Casino. El triunfo de Remedios Martínez", ...

91

salones a la diminuta artista, ya profesora, y que para admirarla y aplaudirla se reuniera lo más selecto de nuestras juveniles beldades y de nuestras damas más distinguidas.

Con una naturalidad asombrosa, sentóse al piano, marca de López y Griffo, cedido galantemente por un admirador de la gentil niña Remeditos Martínez, y como la que ha llegado a dominar el arte, ejecutó maravillosamente el programa compuesto de difíciles sonatas y nocturnos, que solo está reservado su dominio a los grandes concertistas. La sonata XV, de Beethoven, el nocturno de Chopin, y especialmente, la «Jota Navarra», de Larregla, obra esta última llena de escollos y de dificultades, fueron ejecutadas maravillosamente, siendo aplaudidísima la encantadora niña.

Tocó admirablemente, con gran limpieza, dándole a las notas vibración, sonoridad, y toda la poesía de claros oscuros, que denotan el sentimiento y el arte aunados.

El auditorio se maravillaba, como ante algo sobrenatural, pues parece algo insólito que en dos años de estudio se puedan vencer a la edad de diez años, los grandes escollos que suponen el dominio musical que posee.

A los insistentes aplausos del selecto auditorio, que por cierto era tan escogido como numeroso, Remeditos Martínez agregó como final de su programa «Canción sin palabras», de Tchaikovsky, que fue coreada de aplausos[153].

Además del acontecimiento social y la dificultad del programa, el cronista destaca una serie de características de la interpretación de Remedios: limpieza, vibración, sonoridad, poesía de claros oscuros, sentimiento y arte aunados. Se sorprende de su dominio musical, que llega a calificar de sobrenatural. El repertorio que interpretó combinaba virtuosismo con intensa expresividad y mostraba —de nuevo— su

---

153 "En el Casino", *CM*, 25 enero 1915, p. 1.

gran capacidad de comprensión y madurez musical. Aña-
dió la encantadora "Canción sin palabras" (op. 2 nº 3) de
Tchaikovsky, una obra de aparente sencillez con grandes
acordes de décima, melodía en octavas y otras dificultades.

Nos ofrece también un retrato de Remedios: "esa niñita,
de ojos negros, donde el genio ha imprimido en sus pupilas
las llamaradas, (...) vestidita de blanco" que se corresponde
hasta en el mínimo detalle con la foto de estudio en la que
sujeta un libro de ejercicios pianísticos, probablemente tomada durante su presentación en Almería.

La repercusión de este concierto en la ciudad debió ser
enorme, pues todavía una semana después, a principios de
febrero, se anuncia que "en la última junta celebrada por la
Sociedad Círculo Mercantil, se acordó invitar a la prodigiosa niña Remedios Martínez, notable pianista, para que dé
un concierto en los salones de aquella sociedad. Este tendrá
lugar el próximo domingo. A la fiesta podrán concurrir los
socios y sus familias"[154].

El concierto debía celebrarse el domingo 7 de febrero
de 1915, pero no pudo hacerse realidad. Justo la semana
anterior, Almería vivió el agravamiento de una crisis obrera
sin precedentes. La paralización de las obras del puerto dejó
sin sustento a cientos de trabajadores en paro desde hacía
meses, pues la actividad minera, agrícola y otras relaciona-
das, se habían suspendido por el bloqueo internacional de
los puertos debido al inicio de la Primera Guerra Mundial.
Así, el Círculo Mercantil e Industrial convocó a todos sus socios una Junta General Extraordinaria para que "el comercio
expusiese su opinión acerca del remedio que pudiera darse
a la actual dificilísima situación"[155].

Ya desde los primeros conciertos de Remedios la prensa
anuncia que "toda su familia es de Serón y sus padres D. En-

---

154 "Gacetillas. Otro concierto", *CM*, 1 febrero 1915, p. 2.
155 "La reunión del Círculo Mercantil", *CM*, 4 febrero 1915, p. 3.

Imagen 33. Remedios Martínez durante su presentación en Almería.

rique Martínez Martínez y doña María Moreno García, han venido a nuestra capital, por hallarse el primero delicado de salud y querer pasar un par de meses entre nosotros"[156]. Sin embargo, apenas debieron estar quince días, pues las dificultades económicas y la conflictividad social en la ciudad, hacían más que aconsejable volver al Valle del Almanzora.

Desde Serón: Manuel Blanque

Las noticias de los conciertos de presentación de Remedios en la capital llegaron a Serón antes del regreso de la familia y tuvieron gran repercusión en el pueblo.

Así lo hace saber Manuel Blanque Bel (1888-1952), un personaje destacado de esta historia, que tenía por aquellos años una librería en Serón y era amigo de la familia. De hecho, el sello de su establecimiento en la Calle Real aparece en la partitura de la zarzuela *Bohemios* de Amadeo Vives que se conserva en el archivo familiar[157]. Por estos años también proveía material a la Banda de Música, presentando factura al Ayuntamiento por el suministro anual de 1919[158].

Hombre instruido, mantuvo cierta actividad periodística desde 1914, cuando fue nombrado "corresponsal activo y de veracidad probada" en Serón del diario republicano *El Popular*[159]. Años después lo encontramos en las páginas del *Diario de Almería* criticando la situación social y política de Serón, denunciando la miseria de los mineros, o relatando la situación de conflictividad general tras la proclamación de la República[160].

---

156 "La niña prodigio ...", *CM*, 20 enero 1915, p. 1.
157 AMADEO VIVES, "Nº 4. Cuarteto", *Bohemios*, zarzuela en un acto. Madrid, Casa Dotesio. ARM.
158 Sesión ordinaria, 10 agosto 1919. LAAS 1919, p. 22.
159 "De casa", *El Popular*, 17 febrero 1914, p. 1.
160 MANUEL BLANQUE BEL, "Los Pueblos. Serón. Del momento II", *Diario de Almería*, 26 julio 1931, p. 1; "Los Pueblos. Serón. Del momento III", *Diario*

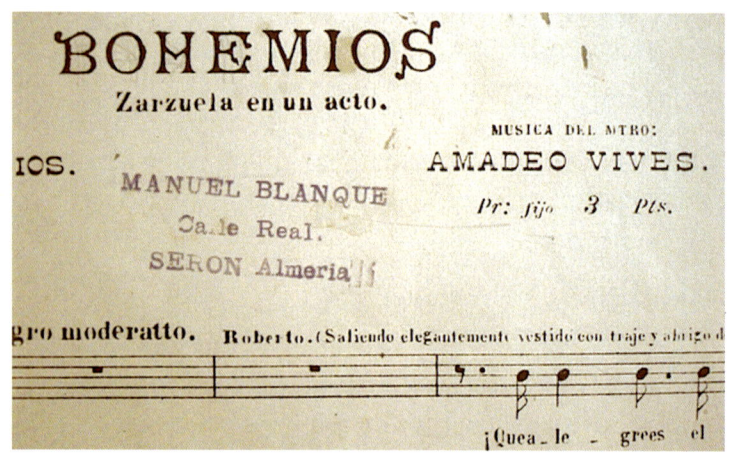

Imagen 34. Sello de Manuel Blanque (ARM).

Manuel Blanque participa también en la vida municipal al ser nombrado concejal en 1924 y formar parte de las comisiones de Hacienda, Alumbrado, Beneficencia e Instrucción Pública[161]. En 1930 fue miembro fundador de la sociedad de comerciantes *El Progreso* Mercantil, siendo nombrado secretario[162]. A partir de 1940 se instala en Granada como agente comercial de vinos de Montilla[163], pero nunca perderá el contacto con su pueblo.

Cuando en enero de 1915 llegan a Serón las noticias del primer concierto de Remedios en los salones del Gobierno Civil, Blanque no duda en dirigir a *La Independencia* una extensa réplica para corregir algunas informaciones contenidas en sus páginas y la de otros diarios[164]. Comien-

---

de Almería, 1 agosto 1931, p. 1; "Zozobra Nacional", *Diario de Almería*, 6 agosto 1931, p. 1.

161 Sesión extraordinaria, 14 enero 1927. AcA1924, fol. 85v-86r.

162 JUAN TORREBLANCA, *La memoria silenciada...*, p. 73.

163 "Representantes" [anuncio], *La Prensa*, 28 julio 1941, p. 2.

164 MANUEL BLANQUE BEL, "Desde Serón. Sobre la niña prodigio y un profesor",

za reconociendo las cualidades de Remedios: gran talento, predisposición especial para la música y una precocidad maravillosa. Nos ofrece después información muy valiosa sobre su aprendizaje:

> El que escribe estas líneas quedó extraordinariamente sorprendido viéndola ejecutar al piano, por primera vez, una obra difícil cuando aún no llevaba dos meses recibiendo lecciones. Puede, pues, asegurarse que hoy llamaría la atención en todas partes, por su gran facilidad ejecutando grandes obras de autores clásicos y por un raro acierto en la interpretación, y, además, por su tierna edad, el poco tiempo en que ha hecho la carrera de Profesora superior como alumna libre del Conservatorio y, principalmente, si se tiene en cuenta que ha sido educada en un medio ambiente de cultura relativamente escasa.

Pero el fin principal de su réplica es "desfacer entuertos" sobre el que "ha sido el profesor de solfeo de la gran pianista y lo ha sido y lo es aún de piano." Rebate la afirmación del periodista de *La Independencia*: "Como detalle curioso, refiérese que la discípula tenía que avisar al profesor para que volviese la hoja del libreto o partitura, pues él casi desconocía la música que durante las lecciones tocaba"[165]. Y también la calificación de "profesor humildísimo musicalmente hablando" aparecida en *El Día*.

A continuación, Blanque expone los méritos de Antonio Plaza —"director de nuestra banda", "el Maestro Música"—, nacido en un pueblo de la provincia de Granada que a los catorce años era organista y director de una banda de música creada por él. Ostenta el título Profesor de Armonía y Composición, "cuyos estudios verificó con gran brillantez

---

LI, 23 enero 1915, p. 2.

165 F. J. de la P., "Notable artista...", p. 1.

en su juventud" y es autor de muy bonitas obras para piano y para banda. También le atribuye la transcripción de oído e instrumentación para banda de una fantasía sobre *Cavalleria Rusticana* de Mascagni que incluye en el repertorio de la Banda Municipal de Serón. A todo esto añade que es el "constructor de un hermoso piano que guarda en su casa, y en el cual estudia y ejecuta obras con las que hemos pasado horas muy agradables".

Insiste Manuel Blanque en que Antonio Plaza ha sido el único profesor de solfeo y piano de Remedios en Serón, y que "ha sabido encargarse, con sumo acierto, de ceñir a la discípula al plan sistemático, metódico y lento de sus estudios".

Se despide mostrando su relación de amistad con la familia y también la personalidad de Remedios:

> Un saludo a mi preciosa amiguita, la celebrada Remedios Martínez, y otro cariñoso a sus padres. Y, como todas las noches al ir a su casa, en donde pasamos ratos excelentes, le pregunto desde mi mesa de trabajo: Remeditos ¿qué tienes tan seria?

El periodista de *La Independencia* responde a los dos días, reconociendo los méritos del profesor:

> Tiene muchísima razón don Manuel Blanque al defender al indicado profesor, dándolo a conocer como maestro y guía de la genial pianista. Y con respecto a la competencia de ese señor, no solamente creo en las revelaciones que el artículo que me ocupa hace, sino que admiro la labor que ejecuta en un ambiente tan reducido, y que muy mal podría haber enseñado a su discípula ni a solfear, sin los conocimientos necesarios para ello[166].

---

166 F. J. de la P., "Sobre una artista. Una explicación", *LI*, 28 enero 1915, p. 2.

Pero a la vez nos revela el origen de la información publicada sobre los supuestamente escasos conocimientos musicales del profesor:

Al hacer la información de la estancia de Remeditos en casa de los señores de Carballido, pregunté a los señores que la acompañaban algún dato curioso de ella, y entre varios, refirieron el ya expuesto, el cual es muy público en esta población, pues los allegados a la artista lo cuentan en todos los sitios y ocasiones, con el fin de enaltecerla más, que fue lo que me impulsó a reseñarlo, pero que conste, que no he sido el único y que obedece a una mala información.

¿Una niña prodigio?

(...) al escuchar (...) a esa niña prodigio, a esa pianista portentosa, a ese *monstruo* de la naturaleza, que se llama Remedios Martínez.

¿Que cómo toca ese genio de la música, ese lindo *monigote* de diez años? Ponderando la dulzura de la lengua italiana, ha dicho alguien, que si los ángeles pudieran hablar, hablarían en italiano. Salvando la irreverencia del símil, digo yo, que si los ángeles se sentaran al piano, tocarían... como ese *angelito* de ojos negros, que electriza y subyuga con su arte.

Cuando sus manecitas nerviosas y ágiles, sonrosadas y pulcras, corren y saltan sobre las teclas del piano, el genio de la música surge entre las hendiduras del marfil y ríe y llora, brama y suspira, gime y canta...

Cuantos tuvimos la fortuna de escucharla, recordaremos siempre aquella tarde en que una gentil muñeca puso, sobre la tiniebla del vivir cotidiano, el rayo de luz de su arte prodigioso[167].

Desde sus exámenes de ingreso en el Conservatorio de Madrid en septiembre de 1912, la prensa destaca los "brillantísimos ejercicios" que realizó Remedios con nueve

---

167 PERFECTO CABALLERO, "La niña prodigio. Remedios Martínez", *El Andarax*, 24 enero 1915, p. 1.

años, y cómo "asombró con su precocidad a los profesores y a cuantos han presenciado los exámenes". Estas observaciones se repiten año tras año en los periódicos hasta la finalización de sus estudios en Madrid, y durante su presentación en Almería en enero de 1915, donde es "bautizada" como niña prodigio.

Pepito Arriola: "El nuevo Mozart"

Desde la Edad Media los niños prodigios eran considerados *Puer senex* (niños con la sabiduría un anciano), con una fuerte carga simbólica que los ligaba incluso a la reencarnación, la presencia de alguien más allá de ellos mismos. Con la redefinición ilustrada del genio y del virtuoso, se supera esa visión simbólica para concebirlos como individuos destacados con talento, y son objeto de estudio científico durante el siglo XIX coincidiendo con la evolución de la psicología[168]. El mismo Pepito Arriola —que admiró el talento para repentizar de Remedios en el Conservatorio de Madrid— fue el primer niño prodigio sometido a examen psicológico y presentado en el IV Congreso Internacional de Psicología celebrado en París en 1900. En la esfera pública, estos niños se presentaban como casos de talento innato y genios de nacimiento.

La exhibición de niños prodigios, especialmente en música, ha estado ligada desde la Ilustración a la cultura del entretenimiento financiada por la aristocracia, popularizando la idea del *wunderkind* (niño maravilla). Tras la Revolución Francesa y el crecimiento de las ciudades, capitales europeas como París se convirtieron en polos de atracción de jóvenes talentos a nivel internacional. La democratización de la cultura contribuyó a la expansión del fenómeno

---

168 ANDREA GRAUS, "Child prodigies in Paris in the belle époque: Between child stars and psychological subjects", *History of Psychology, 24*(3), 2021, pp. 255–274.

de niños prodigios, que vivían del patronato anónimo o de actuaciones en cafés, teatros, ferias... Desde mediados del siglo XIX la prensa francesa da noticias de niños prodigios de diferentes nacionalidades en ámbitos más diversificados, como el cálculo mental, ajedrez, literatura, idiomas, etc.

Estos niños adquirían más fama según la historia que tuvieran detrás. Cuanto más innato y espontáneo pareciera su talento, más posibilidades tenían de ser considerados prodigios. Era más efectivo promover elementos de talento innato y maravilla que la idea de "genio manufacturado" — aquellos casos en los que la presión de los padres, maestros o compañeros, habrían desarrollado el talento del niño—. Esta pervivencia del estereotipo romántico de "niño genio" llega hasta las primeras décadas del siglo XX.

La madre de Pepito Arriola relataba que un día encontró a su hijo sentado al piano con dos años y medio tocando con gran maestría una canción que ella interpretaba, y que a partir de ese momento su talento se desarrolló únicamente de forma natural, sin lección alguna. Esta historia la difundió en la prensa de la época, e incluso en una biografía publicada cuando el "niño maravilla" tan solo tenía tres años[169].

Lo que no contaba su madre es que había dejado a su hijo —al poco de nacer— con su tía Aurora, quien se volcó en que aprendiera piano desde que era un bebé con el firme propósito de convertirlo en un prodigio[170].

De hecho, Arriola fue presentado en el Congreso de Psicología con apenas cuatro años como un talento natural —sin formación musical previa—, destacando tres características de su sobredotación musical: memoria, ejecución e invención. Su inteligencia no parecía ser superior a lo nor-

169 Justo M. Zamora, *Pepito Arriola*. Madrid, Imprenta del Asilo de Huérfanos del S. C. de Jesús, 1900.
170 Alison Sinclair, «La forja del prodigio: Pepito Arriola», *The noughties in the hispanic and lusophone world* K. Bacon & N. Thorton (Eds.), Newcastle, Cambridge Scholars Publishing, 2012, pp. 143–161.

JUSTO M. ZAMORA

Pepito Arriola

Carta-Prólogo

DE

ADOLFO LUNA

MADRID
IMP. DEL ASILO DE HUÉRFANOS DEL S. C. DE JESÚS
Calle de Juan Bravo, núm. 5.
1900

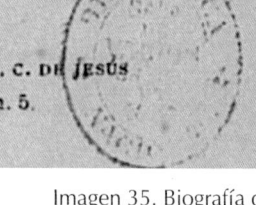

Imagen 35. Biografía de
Pepito Arriola (1900)

104

mal, pero su memoria visual le permitía aprender obras observando el movimiento de las manos, y su memoria auditiva tocar melodías de un instrumento o de alguien cantando, oyéndolas una sola vez. Su ejecución, aún infantil, había adoptado algunos gestos de adulto, como elevar muy alto las manos antes de dejarlas caer en el teclado con solemnidad. Al no alcanzar las octavas, las arpegiaba rápidamente, con una técnica sorprendente.

En el Congreso de París, el niño Arriola deleitó a la audiencia interpretando una "Habanera" y una "Marcha militar" que había compuesto para los Reyes de España. Sus interpretaciones resultaban sorprendentes, aunque sus composiciones y habilidades improvisatorias fueron calificadas de imperfectas y poco originales. Aun así, el fenómeno resultaba inexplicable para la comunidad científica en 1900:

Ateniéndonos a estos hechos, cualquier explicación resulta imposible. Pero es conveniente destacarlo. La ciencia psicológica no está lo suficientemente avanzada para ir más allá de la mera observación de este fenómeno.

La presentación de Pepito Arriola fue un resonante éxito, siendo aclamado como "el nuevo Mozart". Durante décadas fue considerada la primera exploración psicológica de un virtuoso.

¿Qué hace a un prodigio musical?

El caso de Pepito Arriola es de una extrema precocidad, pues ya a los cuatro años fue objeto de estudio psicológico y de admiración internacional, a principios del siglo XX.

En los últimos años, desde la neurociencia se han investigado las características de los prodigios musicales. Basándose en los criterios de nivel de interpretación y ritmo de aprendizaje, se define un prodigio musical como un niño de catorce años o menos que toca como un adulto profesional y cuyo ritmo de aprendizaje es mayor del doble que el resto de estudiantes de música[171].

Otros estudios afirman que el estatus de prodigio se alcanza en torno los diez años —con más de cinco años de experiencia musical previa—, y condicionado por tres factores[172]. En primer lugar, influye la práctica musical en edades tempranas, cuando el cerebro tiene mayor plasticidad. En ocasiones puede coincidir con unas características cerebrales particulares —aún no estudiadas— en las redes que rigen la codificación auditiva y el control motor. Así, esta posible predisposición cerebral se vería amplificada por una práctica musical temprana y mantenida.

Un segundo factor es la existencia de una fuerte motivación externa, ya sea el empeño de los padres, o la presencia de un profesor altamente motivador.

Por último, otro elemento determinante es la propensión a experimentar un estado de *flow* (fluir) durante la práctica musical. *Flow* es un estado psicológico caracterizado por una intensa concentración y un aguzado sentido de control, constituyendo una experiencia altamente gratificante por sí misma. Es decir, el niño prodigio es capaz de concentrarse y controlar intensamente lo que hace mientras toca, a la vez que experimenta una sensación de recompensa inmediata.

En cuanto a habilidades musicales, los escasos estudios realizados directamente con niños prodigio identifican un nivel extraordinario de discriminación melódica, de identificación de alturas y gran memoria musical. No destacan en sentido rítmico, e incluso están por debajo de la media en lectura a primera vista e improvisación. Por tanto, la habili-

---

171 Gilles Comeau, Dominique T. Vuvan, Claudia Picard-Deland, & Isabelle Peretz, "Can you tell a prodigy from a professional musician?", *Music Perception: An Interdisciplinary Journal* 35 (2), 2017, pp. 200-209.

172 Chanel Marion-St-Onge, Michael W. Weiss, Megha Sharda & Isabelle Peretz, "What Makes Musical Prodigies?", *Frontiers in Psychology,* 11 December 2020.

dad musical más sobresaliente en los prodigios musicales es una excepcional memoria auditiva[173].

De prodigio infantil a genio adulto

Pepito Arriola estudió en Alemania y desarrolló una carrera internacional meteórica, que empezó a decaer conforme se desvanecía el mito del "Mozart español". Tras la Segunda Guerra Mundial se trasladó de Alemania a Barcelona, donde murió pobre y olvidado, dando clases particulares y afinando pianos. En la línea de la mayoría de los niños prodigio, Arriola fue incapaz de mantener su fama y talento en la edad adulta[174].

La transición de niño prodigio a genio adulto se convierte así en un vínculo débil que se completa en escasas ocasiones[175]. Si el niño prodigio no es capaz de ir más allá de la perfección técnica que lleva a su adoración, cae en el olvido. Ya en 1900, en el momento de máxima expectación por la presentación de Pepito Arriola en Madrid a los cuatro años, hallamos una crítica que escapa de la glorificación del prodigio infantil:

> El salón de sesiones del Ateneo ha dado esta tarde una interesante sesión musical el niño Pepito Arriola ante una concurrencia extraordinaria. (...) Ha recibido repetidas y nutridas ovaciones. El niño está robusto y no parece sentir la menor emoción cuando toca. Esto no obstante, parece que los padres de la criatura se preocuparan más de su salud que del arte a fin de no malograrla[176].

---

173 GILLES COMEAU, YUANYUAN LU, MIKAEL SWIRP & SUSAN MIELKE, "Measuring the musical skills of a prodigy: A case study", *Intelligence,* 66, 2018, pp. 84–97.

174 ANDREA GRAUS, "Child prodigies...", *op. cit.*

175 ELLEN WINNER, "Child prodigies and adult genius: A weak link", *The Wiley handbook of genius*, Oxford, Wiley Blackwell, 2014, pp. 297–320.

176 "En el Ateneo", *La Vanguardia*, 3 febrero 1900, p. 6.

De hecho, el esfuerzo que los niños prodigio han hecho para sobresalir en una técnica durante su niñez se convierte frecuentemente en la causa de su decadencia en la edad adulta. Se quedan congelados en el dominio técnico que les ha hecho ganar fama y adoración como niños prodigio. Les resulta muy difícil superar la habilidad técnica y asumir los riesgos que se requieren para ser creativos. Algunos han sido tan presionados por sus padres, maestros o *managers* que pierden su propia motivación cuando llegan a la adolescencia. Así, a partir de los catorce años, empiezan a aparecer críticas sobre sus interpretaciones:

> Pepito Arriola se ha dejado oír una tarde en el concierto de Liszt, que nos pareció un poco fuerte para él... pero supo salir airoso de su cometido, y dándonos de propina un vals de Chopin (do sostenido menor) que, dicho sea con franqueza, no nos satisfizo. Aquella parte segunda llevada tan viva... nos desagradó. No sabemos por qué la mayoría de los artistas, por muchos puntos que calcen en la esfera del arte, ha de maltratar al pobre Chopin...[177]

Por tanto, la necesaria transición de niño experto en una técnica a genio innovador evita cuatro peligros: buscar únicamente la recompensa de la fama; sentir la pérdida de una infancia normal; quedarse en un prodigio técnicamente perfecto; y convertirse en un adulto olvidado que solo puede tocar con perfección técnica.

El rayo de luz de su arte prodigioso

No nos ha quedado ningún testimonio de la presentación de Remedios antes de los exámenes del Conservatorio de Madrid, aunque es probable que esta no fuera su

---

177 Lushe-Mendi [José María Agesta], "Movimiento musical en España y el extranjero. San Sebastián", *Revista Musical* nº 11, noviembre 1911, p. 15.

primera actuación en público. Además de recitales domésticos en el salón familiar en Serón, sería presentada a invitados externos, e incluso es posible que la llevaran a tocar a otras casas del pueblo, o a pueblos vecinos.

Ya en septiembre de 1912, con solo nueve años, Remedios "asombró con su precocidad a los profesores y a cuantos han presenciado los exámenes" en el Conservatorio de Madrid[178]. Cuando dos años después termina la carrera, "la pequeña y linda artista fue calurosamente felicitada por los examinadores", entre ellos grandes pianistas como Joaquín Larregla, José Tragó y Pilar F. de la Mora. Finalizado el examen toca la segunda *Rapsodia* de Franz Liszt "y tales muestras dio de maestría y dominio en el arte, que como colofón a su éxito brillantísimo y excepcional, el público la aplaudió entusiasmado, saludando con su espontánea ovación a un nuevo lucero del arte"[179].

Estas descripciones de Remedios coinciden con las características de los niños que en torno a los diez años tocan como un adulto profesional y muestra un ritmo de aprendizaje muy rápido. Comienza a estudiar piano a edad muy temprana, en torno a los tres o cuatro años, como afirma posteriormente Marina García, su amiga del colegio[180]. Además, dedica una gran cantidad de horas al estudio del piano, como reconocería años después su hermano Leo[181]. Indudablemente, su padre, Enrique Martínez, sería una clara motivación externa, que a buen seguro se vería reforzada por la pasión musical y las enseñanzas de Antonio Plaza.

En la esfera pública, Remedios también fue presentada como un caso de talento innato y como genio de nacimiento, como una niña maravilla (*wunderkind*). Pues cuanto más

---

178 "Noticias", *El País*, 23 septiembre 1912, p. 3.
179 "Una niña prodigio", *LCM*, 29 septiembre 1914, p. 3.
180 Marina Cano, *Mis recuerdos ...*, p. 16.
181 Antoñín [Antonio Jiménez], "Personajes..."

innato y espontáneo pareciera su talento, más posibilidades tenía de ser considerada prodigio. Así, la prensa recoge informaciones sembrando la duda sobre los conocimientos del "Maestro Música": "durante sus lecciones, tenía que avisarle la discípula para que volviese el libreto, pues casi desconocía el profesor la música que tocaba"[182]; e incluso sobre las enseñanzas que éste le impartió:

Esta precoz profesora, hay que tener en cuenta que ha hecho casi sola los estudios de su carrera, pues solo le dio lecciones de solfeo, el profesor de la banda de música de Serón[183].

El objetivo era promover elementos de talento innato y maravilla, que tenía un alcance infinitamente más amplio que la idea de "genio manufacturado", aquellos casos en los que la presión de los padres, maestros o compañeros, habrían desarrollado el talento del niño.

En la construcción de la imagen pública de Remedios a través de la prensa —tras finalizar su carrera en Madrid— en septiembre de 1914, todos los periódicos destacan "la precoz maestría de la niña de diez años"[184] y se repite esta edad en los conciertos de Almería. De hecho, en las cinco papeletas de examen del año 1914 en el Conservatorio de Madrid —piano 4º a 8º año—, aparece "corregida" la edad, y en lugar del 11 que habría originariamente, se completa y retinta el segundo dígito para que figure un 10.

De nuevo el objetivo era destacar elementos de talento innato y maravilla, pues Remedios había nacido el 25 de febrero de 1903, y contaba ya con once años de edad, tanto al finalizar la carrera de piano en Madrid como en los conciertos de Almería. De hecho, la propia Remedios, ya en

182 F. J. de la P., "Notable artista. Una niña almeriense", *LI*, 17 enero 1915, p. 1.
183 "La niña prodigio Remedios Martínez", *CM*, 20 enero 1915, p. 1.
184 "La niña Remedios Martínez", *La Tribuna*, 9 octubre 1914, p. 8.

Imagen 36. Papeleta de examen de piano 8º año con la edad "corregida".

su edad adulta, creía que ella había nacido en 1904, y que había un error en los papeles[185].

La información errónea sobre su edad y sobre los "escasos" conocimientos del maestro, provienen del propio círculo de Remedios, como señala el periodista al responder a Manuel Blanque: "los allegados a la artista lo cuentan en todos los sitios y ocasiones, con el fin de enaltecerla más"[186].

---

185 REMEDIOS RODRÍGUEZ, comunicación personal, Almería, 17 enero 2024.
186 F. J. de la P., "Sobre una artista. Una explicación".

111

Más allá de esa construcción de su imagen como niña prodigio innata, muy frecuente en la época, las descripciones de su modo de tocar superan siempre la mera perfección técnica. Ya el cronista de *La Correspondencia Militar*, en la reseña del examen final en el Conservatorio de Madrid destaca la "maestría y dominio en el arte" al tocar la segunda *Rapsodia* de Liszt. En su presentación en Almería son abundantes las referencias en la prensa a su interpretación del repertorio más exigente técnica y musicalmente: "[...] ejecutó maravillosamente y con la delicadeza propia del genio, las difíciles sonatas XV y XIV de Beethoven (Claro de Luna)"[187]; "hoy llamaría la atención en todas partes, por su gran facilidad ejecutando grandes obras de autores clásicos y por un raro acierto en la interpretación"[188]. En ocasiones su capacidad parece inexplicable:

> Nos encantó durante más de dos horas haciéndonos oír a los clásicos de irreprochable manera, pero donde nuestro entusiasmo subió, fue al escuchar la segunda Rapsodia de Liszt, obra que por ser muy conocida, aún los ignorantes la sabemos de memoria; hay que tener en cuenta que Remeditos, dada la pequeñez de su mano, solo alcanza bien las quintas; las sextas las coge ya con dificultad y por tanto no hay que hablar de las octavas, las cuales no sabemos como hace[189].

Son frecuentes los comentarios sobre su gran habilidad técnica, pero siempre combinada con su capacidad expresiva: "Cuando sus manecitas nerviosas y ágiles, sonrosadas y pulcras, corren y saltan sobre las teclas del piano, el genio de la música surge entre las hendiduras del marfil y ríe y llora,

---

187 F. J. de la P., "Notable artista...", *LI*, 17 enero 1915, p. 1.

188 Manuel Blanque, "Desde Serón...", *LI*, 26 enero 1915, p. 2.

189 "La niña prodigio Remedios Martínez", *CM*, 20 enero 1915, p. 1.

brama y suspira, gime y canta..."[190]; "[interpretó] las difíciles y selectas piezas, con una precisión, un gusto y una seguridad, que arrancaron frenéticas demostraciones de entusiasmo"[191]; "Tocó admirablemente, con gran limpieza, dándole a las notas vibración, sonoridad, y toda la poesía de claros oscuros, que denotan el sentimiento y el arte aunados"[192].

Además, Remedios posee una cualidad que —en los estudios científicos realizados hasta ahora— no parece común entre los prodigios musicales. Su capacidad de lectura a primera vista asombra al mismísimo Pepito Arriola:

> A pesar de su corta edad, se expresa admirablemente. Nos dijo que al ir a su último examen en el Conservatorio de Madrid, conoció a Pepito Arriola el cual le hizo que tocara delante de él.
>
> ¿Y qué dijo Arriola? –le preguntamos nosotros. Y nos contó con gran ingenuidad: Llevarse las manos a la cabeza y decir que repentizaba muy bien[193].

De hecho, en la reseña del concierto en casa del Gobernador Civil, al valorar su interpretación del Nocturno op. 9 n° 2 de Chopin el periodista destaca "que ésta última la desconocía y que a instancias de los concurrentes tomó el papel y repentizó la pieza con la misma seguridad que si la hubiera dominado siempre, lo que acrecentó el entusiasmo y las simpatías que entre el auditorio reinaba"[194]. También en el concierto en la Casa López y Griffo, se afirma en la prensa que "la música la lee con rara perfección, hasta el extremo de tocar a primera vista obras como la Cracorrome

190 PERFECTO CABALLERO, "La niña prodigio. Remedios Martínez", *El Andarax*, 24 enero 1915, p. 1; "La niña prodigio. Remedios Martínez", *CM*, 28 enero 1915, p. 2.

191 DANDY, "En el Casino...", *LI*, 25 enero 1915, p. 1.

192 "En el Casino", *CM*, 25 enero 1915, p. 1.

193 "La niña prodigio...", *CM*, 20 enero 1915, p. 1.

194 F. J. de la P., "Notable artista..."

Fantástico de Paderewski, de muchas dificultades, aún para los profesionales acostumbrados a leer"[195].

Todas estas capacidades en una niña de "diez" años producen un gran asombro, reconocimiento de un prodigio instintivo, de un genio de nacimiento... y aparecen unidas a su descripción física —e incluso psicológica— en numerosas ocasiones: "ese *angelito* de ojos negros, que electriza y subyuga con su arte. [...] Cuantos tuvimos la fortuna de escucharla, recordaremos siempre aquella tarde en que una gentil muñeca puso, sobre la tiniebla del vivir cotidiano, el rayo de luz de su arte prodigioso"[196]; "Hay en ella algo de instintivo que no se aprende, y es que ha nacido para ser artista"[197]; "Triunfó Remedios Martínez, porque nació para ello, y porque fue dotada de esa luminosa inspiración que caracteriza al genio"[198]. Sin duda, su concierto en el Casino ante lo más distinguido de la sociedad almeriense extiende aún más su fama de prodigio:

> La niña prodigio, la genial Remedios Martínez, que tiene asombrados con sus diez años de edad y su raro talento musical, a cuantos la escuchan [...]
>
> Esa niñita, de ojos negros, donde el genio ha imprimido en sus pupilas las llamaradas [...]
>
> El auditorio se maravillaba, como ante algo sobrenatural, pues parece algo insólito que en dos años de estudio se puedan vencer a la edad de diez años, los grandes escollos que suponen el dominio musical que posee[199].

Así, las descripciones que se conservan sobre las interpretaciones de Remedios no destacan sólo la prodigiosa téc-

---

195 "La niña prodigio ...", *CM*, 20 enero 1915, p. 1.
196 PERFECTO CABALLERO, "La niña prodigio...", *El Andarax*, 24 enero 1915, p. 1; "La niña prodigio...", *CM*, 28 enero 1915, p. 2.
197 "La niña prodigio...", *CM*, 20 enero 1915, p. 1.
198 DANDY, "En el Casino..."
199 "En el Casino", *CM*, 25 enero 1915, p. 1.

nica de una niña de "diez" años, sino su capacidad expresiva, su madurez interpretativa, y un "raro talento musical" que le permitirá no quedarse congelada en la perfección técnica, y superar ese débil vínculo entre la niña prodigio y la genia adulta.

Madrid: Premio Fin de Carrera del Conservatorio (1920)

Amores por carta

El estallido de la Primera Guerra Mundial tuvo efectos fulminantes para la economía almeriense. El cierre de los mercados internacionales, el encarecimiento de los transportes marítimos —vitales para la exportación de la uva y minerales— y las dificultades de las empresas extranjeras, sitúan la actividad económica de la provincia al borde del colapso[200]. Aunque la única actividad minera de la provincia continuaba en el sector de Serón-Bacares, la situación económica de la zona experimentaría también dificultades que se dejarían notar en el sector comercial.

Así, las posibles dificultades económicas y los problemas de salud de Enrique Martínez, harían que, tras la vuelta de Almería a finales de enero de 1915, Remedios continuara sus estudios desde Serón. Sin embargo, no interrumpe la relación con su Maestra, ni las estancias de formación en Madrid. De hecho, en agosto de 1915 aparece en la prensa

---

200 ANDRÉS SÁNCHEZ PICÓN, *La integración de la economía almeriense en el mercado mundial (1778-1936): cambios económicos y negocios de exportación*. Almería, IEA, 1992.

Imagen 37. Sello de la Notaría de D. José Criado Fernández y Pacheco. Madrid. ARM.

como un "personaje" habitual en la capital, que se va de vacaciones a Serón para volver a final de mes a continuar sus estudios:

> El día 12 del actual saldrá de esta corte la precoz artista Pilar [Remedios] Martínez Moreno, hija de nuestro querido amigo D. Enrique Martínez y Martínez, para pasar unos días con su familia en Serón (Almería), regresando á Madrid para fines del corriente mes[201].

Durante sus estancias en Madrid, además de completar su formación en clases privadas con su Maestra, sería presentada en conciertos organizados en casas de familias distinguidas de la capital, de los que nos quedan pocas huellas. En el archivo familiar se conserva una partitura para piano de las "Guajiras" de *La Revoltosa* de Chapí con un sello de la "Notaría de D. José Criado Fernández y Pacheco.

---

201 "Noticias", *LCM*, 10 agosto 1915, p. 3.

Madrid". Probablemente sería un regalo por haber tocado en su casa, toda vez que relaciona a Remedios con uno de los personajes ilustres, que había tomado testamento a Eugenia de Montijo y Santiago Ramón y Cajal, conocido de Jacinto Benavente y Benito Pérez Galdós. Pudo ser introducida en la casa del notario por Enrique Nin de Cardona Ramírez, personaje distinguido de Serón, que sería alcalde en 1924, y que el 16 de abril de 1916 compró las fincas que poseía la administración de la casa de Montijo en Serón en esta notaría[202].

En esos viajes a Madrid, con frecuencia le acompañaba su hermano Enrique, que años después recordaría alojarse en un hostal cerca del Conservatorio —entonces en el Teatro Real— y la Plaza de Oriente, donde vivía Pilar F. de la Mora e impartía sus clases privadas[203]. Por tanto, es más que probable que el siguiente anuncio aparecido en la prensa en abril de 1916 fuera dirigido a ellos:

TELÉGRAFOS
Guardia del día 3 de abril de 1916
Telegramas cursados por el Gabinete Central
23.475
Telegramas en depósito. No entregados por
diferentes causas:
Enrique Martínez, Carretas 17, Fonda Pilar[204].

---

202 JULIÁN GRANADOS, *D. José Criado y Fernández-Pacheco: ilustre notario de Madrid y su Manzanares natal (1866-1937)*. Manzanares, J. Granados, 2010; FRANCISCO J. CUADRADO, "La pervivencia del Señorío de Montijo en Serón", Blog *Turismo Serón*, 14 enero 2016. En: https://turismoseron.es/blog/la-pervivencia-del-senorio-de-montijo-en-seron/ (fecha de consulta: 29 junio 2023)

203 "Personal docente", *Memoria del Curso 1919 a 1920*. RCMD. Madrid, Tipolitografía Gaisse, 1920, p. 12; M. ÁNGELES CRUZ, Comunicación personal por correo electrónico, 13 mayo 2023.

204 "El servicio de comunicaciones. Telégrafos", *La Acción*, 4 abril 1916, p. 4; "Telegramas y telefonemas detenidos", *LCE*, 5 abril 1916, p. 7.

Imagen 38. Piano M. Ribalta en el Hostal El Pilar (Carretas, 13, Madrid).

120

De hecho, en la actualidad existe un *Hostal El Pilar* (Carretas, 13) en un edificio de principios de siglo y que mantiene en una de sus salas un piano "M. Ribalta" —fabricado en Barcelona a principios del siglo XX— en el que, probablemente, Remedios pudo estudiar durante sus estancias en Madrid[205].

Además de las estancias en Madrid, la comunicación con su Maestra continúa a distancia por carta, como documenta una anotación de su hermano Leo en mayo de 1916: "Leovigildo Martínez asegura que hoy 2 de mayo hay carta de Dª Pilar F de la Mora. Serón".

Imagen 39. Anotación de Leo Martínez en H. Bertini, Estudios op. 29 (ARM, 1916).

Enseñanza libre

Desde 1914, año en que Remedios terminó sus estudios como alumna libre en el Conservatorio de Madrid, se venía discutiendo en el Claustro del centro la reforma de su reglamento[206]. Establecido en 1911, el reglamento vigente ya había limitado la concesión de premios:

---

205 Agradezco a Helena Martínez la información sobre el piano recogida en el Hostal El Pilar (Madrid).

206 Acta de la sesión celebrada por el Claustro de Profesores del RCMD los días 22, 23 y 24 de febrero de 1914, *Libro de Actas del Claustro de Profesores* 1911-1921. Madrid, ARCM, pp. 87-93.

Los premios de fin de carrera, tan prodigados estos últimos años, por no fijar el Reglamento límite para su concesión, se reducen a número fijo, cambiándoles el nombre de premios por el de «diploma», con objeto de establecer una completa separación entre los de ayer y los futuros[207].

Pero no permitía optar a los premios finales de carrera a los alumnos que no hubieran "cursado y aprobado en la enseñanza oficial los tres últimos cursos de la asignatura respectiva" (art. 96).

Por fin en agosto de 1917 se aprueba un nuevo Reglamento para el gobierno y régimen del Real Conservatorio de Música y Declamación, que en su artículo 69, dentro del Capítulo V "Oposiciones a Premio", reconoce por vez primera el derecho de los alumnos libres:

Todos los alumnos, tanto los que hayan seguido sus estudios en la enseñanza oficial, como los que la hayan hecho en la enseñanza libre, tienen iguales derechos respecto á los premios.

Los alumnos libres que deseen optar á premios, deberán obtener previamente y mediante examen, el certificado de suficiencia de las enseñanzas necesarias que se exigen á los alumnos oficiales[208].

A estos premios podían concurrir los alumnos "que hubieren obtenido nota de sobresaliente en el último año de carrera" (art. 64). Se establece una severa limitación en el número de premios: "en ningún caso podrán concederse más de cinco diplomas de primera clase y diez de segunda, por asignatura" (art. 65). También con gran exigencia se designa el Tribunal, "que presidirá el Director, o Profesor en quien

---

207 "Reglamento que establece el funcionamiento del RCMD", *GM*, nº 257, 14 diciembre 1911, p. 691.

208 "Reglamento para el gobierno y régimen del RCMD", *GM*, 30 agosto 1917, p. 550.

éste delegue, se compondrá de dos Profesores del Conservatorio, nombrados por el Claustro, y uno nombrado por el Director entre personas de reputación artística ajenas al Claustro de Profesores y un Académico de la sección de Música de la Real Academia de Bellas Artes de San Fernando (...). No podrán formar parte de estos tribunales los Profesores de la asignatura a que la oposición se refiera" (art. 67).

En 1918 la epidemia de gripe que asoló Madrid durante la primavera y que volvió con fuerza pasado el verano, provocó la clausura de los centros docentes al inicio del curso 1918-1919[209] —que finalmente duraría hasta enero de 1919—, por lo que no se celebró la entrega de premios en la festividad de Santa Cecilia, ni se implementó la ampliación de la oposición a premio para los alumnos libres durante el curso 1917-1918[210].

Al final del curso 1918-1919, por fin los alumnos libres pudieron presentarse a la oposición a premio, poniendo de manifiesto, en palabras de Tomás Bretón —Director del centro— en su discurso de entrega de los mismos el 22 de noviembre de 1919, la necesidad de ampliar el número de diplomas a conceder:

> Los últimos concursos, admirables también, en la enseñanza de Piano, en los que por primera vez participaron alumnos libres, demostraron de modo terminante, la necesidad imprescindible, si se ha de hacer justicia, de modificar el Reglamento vigente en lo que respecta a premios o diplomas. Hay que considerar que antes contábamos con un Diploma de Honor y cinco de Primera clase para los alumnos oficiales en dicha asignatura; que el de Honor ha sido suprimido sin compensarlo con otro de Primera, que-

---

209 "Suspensión de la apertura de curso", *Revista General de Enseñanza y Bellas Artes*, nº 223, 1 octubre 1918, p. 1.

210 "Datos de la Dirección", *Memoria del Curso 1917 a 1918*. RCMD. Madrid, Hijo de Gaisse, 1918, p. 4.

dando, pues, reducidos a cinco, y que ahora concurren alumnos libres, sin aumentar las anheladas recompensas, muchas veces merecidas. Basta esta simple exposición de hechos para comprender lo duro, lo cruel, me atreveré a decir, del precepto reglamentario en este punto. Yo me precio de ser un enamorado de la justicia, y declaro que en los últimos Concursos de Piano, al apreciar los méritos de los alumnos me pareció injusto no poder votar más diplomas de primera clase, por el límite establecido[211].

Meses más tarde, se plantea entre los miembros del Claustro del Conservatorio un interesante debate sobre la conveniencia o no de ampliar el número de premiados. Ahora es el propio Bretón el que ve los peligros de esa ampliación, tal y como se recoge en acta:

En lo que se refiere a la ampliación de premios dice que hay que proceder con gran mesura, toda vez que los últimos años se había logrado, con la limitación, dar cierta importancia a esta clase de recompensas. Considera muy peligroso abrir la mano porque padecería el prestigio del Conservatorio que volvería a caer, como en tiempos pasados, en el concepto público. Cree que no debe alterarse la norma de otros años adjudicando un premio por clase, salvo casos extraordinarios, que para ellos se ha pensado en la ampliación[212].

Mientras otras voces, como el Catedrático de Piano José Tragó y el Profesor de Armonía Conrado del Campo, abogan por no limitarlos y recuperar las calificaciones para distinguir las aptitudes de los alumnos:

---

211 "Discurso del Sr. Director", *Memoria del Curso 1918 a 1919*. RCMD. Madrid, Hijo de Gaisse, 1919, p. 10.

212 Acta del Claustro de Profesores del RCMD celebrado el día 20 de mayo de 1920, *Libro de Actas del Claustro de Profesores* 1911-1921. Madrid, ARCM, pp. 178-179.

Los Sres. Tragó y del Campo creen que no debe limitarse el número de premios, y este último es partidario de que los Sres. Profesores se tomen la molestia de asistir a los diferentes ejercicios de oposición a premios para que ellos mismos puedan juzgar del estado de las clases de sus compañeros y apreciar de motu propio la labor más o menos justa de los Tribunales de los concursos (...) Lamenta el Sr. del Campo el que no se haya tratado de restablecer las calificaciones que son la causa de que todos los alumnos aparezcan ante las gentes como idénticamente iguales en aptitudes, aplicación, talento, etc.

Para salvaguardar el prestigio del Centro, tanto el Director como el Profesor de Música de Salón y crítico musical Rogelio Villar "recomiendan la mayor mesura no solamente en lo que se refiere a las calificaciones en los concursos sino también en los próximos exámenes".

Un temperamento de primer orden

En la relación epistolar mantenida en esos años, Pilar F. de la Mora informaría por carta a Remedios de la nueva posibilidad de presentarse a oposición a Premio como alumna libre ya a finales del curso 1918-1919; pero el empeoramiento del estado de salud de su padre, que finalmente fallecería en junio de 1919[213], le haría desechar esta opción.

Sin embargo, a inicios del curso siguiente, reanudaría los estudios musicales en Madrid. De hecho, también en septiembre de 1919 su hermano Leovigildo se matricula como alumno oficial en 6° curso de violín en el Conservatorio[214], lo que suponía la obligatoriedad de asistir a clases

---

213 Acta de defunción n° 73. Enrique Martínez Martínez de 59 años, casado. RCS, 4 junio 1919, fol. 37.

214 Ficha del alumno D. Leovigildo Martínez Moreno. ARCM.

semanalmente desde el 1 de octubre al 31 de mayo[215]. Además, en el archivo familiar se conserva una postal dirigida a la "Señorita Remedios Martínez Moreno. Madrid", que no tiene indicación de dirección ni sello, por lo que debió ser entregada en mano. Está fechada el 24 de marzo de 1920, lo que sitúa también a Remedios en Madrid durante el curso 1919-1920[216]. Sin duda, el objetivo sería preparar la oposición a Premio en clases privadas con Pilar F. de la Mora en su domicilio de la Plaza de Oriente, 2.

Los días 23 y 24 de junio de 1920 se celebraron las oposiciones a Premio de Piano en el Salón de actos del Conservatorio de Madrid, ante un tribunal compuesto por Tomás Bretón (Composición), Pedro Fontanilla (Armonía), Benito García de la Parra (Armonía), Sofía Salgado (Piano) y José F. Pacheco (Compositor)[217]. Junto a Remedios, que había culminado sus estudios de piano en el Centro en agosto de 1914 —seis años antes—, se presentaron otros dieciocho aspirantes que acababan de terminar la carrera en el Conservatorio de Madrid, dedicando la mayoría de ellos dos años a finalizar el último curso (octavo)[218].

La oposición consistía en la interpretación de una obra obligada, una obra a elección del aspirante y una lectura a primera vista. Las *Variaciones serias* op. 54 de Mendelssohn

---

215 "Vacaciones", *Memoria del Curso 1919 a 1920*. RCMD. Madrid, Tipolito-grafía Gaisse, 1920, p. 27.

216 Pepe [José Rodríguez Pérez], "Mi querida Remedios (...)". Tarjeta postal. Serón, Ms, 24 marzo 1920. ARM.

217 "Una pianista admirable. María del Pilar Torregrosa", *El Universo*, 30 junio 1920, p. 3. En la reseña de esta concursante se relaciona a "Pacheco" como miembro del tribunal entre los "maestros". No aparece el apellido Pacheco entre el personal docente del Conservatorio en 1920, por lo que puede corresponder al miembro externo que requería el Reglamento, en este caso el compositor y director de orquesta José F. Pacheco, conocido como "Maestro Pacheco" que había estrenado con gran éxito la zarzuela *El contrabando* en colaboración con José Serrano en 1920. Véase Sánchez Sánchez, Víctor, "Fernández Pacheco, José", *Diccionario de la Zarzuela. España e Hispanoamérica* Vol. I, Madrid, ICCMU, p. 996.

218 "Una pianista extraordinaria", *HM*, 26 junio 1920, p. 1.

126

—obra obligada— son un conjunto de tema y diecisiete variaciones que requieren un dominio técnico y una profundidad interpretativa, de ahí el calificativo de "serias", en oposición a "brillantes" como mero despliegue técnico[219]. Era una obra frecuente en los programas de grandes pianistas como Joaquín Malats, premio del Conservatorio de París, favorito de Albéniz:

> El eminente pianista Sr. Malats ha dado en el Principal un concierto de cuya importancia puede formarse idea teniendo en cuenta que constituían su programa obras de tan distintos géneros y de interpretación y ejecución tan difíciles como la Sonata op. 10 nº 3, de Beethoven, y op. 35, de Chopin; las Variaciones serias, de Mendelssohn; el Carnaval de Viena, de Schumann; Nocturno op. 13 de Fauré; la Humoresque, de Tchaikowski; Triana, de Albéniz; las Variaciones, de Paganini Brahms; el Estudio n.º 6, de Rubinstein, y la Rapsodia nº 2, de Liszt. El Sr. Malats tocó todas esas piezas magistralmente, logrando entusiastas aplausos después de cada una de ellas y al final del concierto una ovación grandiosa[220].

Precisamente Remedios eligió como obra para el Premio las *Variaciones sobre un tema de Paganini* op. 35 de Johannes Brahms, que también aparecían en el programa de Malats, y que interpretaría en Madrid Artur Rubinstein en sus cuatro conciertos en el Teatro Lara en 1917[221]. Dedicadas al gran virtuoso Carl Tausig, Brahms traspasa los límites de la variación articulando dos cuadernos con el tema y catorce variaciones cada uno, que llamó originalmente "estudios", pues cada una explora una dificultad del piano

---

219 CHRISTA JOST, "In Mutual Reflection: Historical, Biographical, and Structural aspects of Mendelssohn's Variations Sérieuses", *Mendelssohn Studies*, Larry Todd (ed.) Cambridge University Press, 2006, pp. 33-63.

220 "Miscelánea. Barcelona", *LIA*, 26 noviembre 1906. p. 9.

221 "Teatro Lara. Conciertos Rubinstein", *LCE*, 9 enero 1917, p. 6.

hasta llevarlo a sus límites... unas "variaciones de brujas", como las llamaba la gran pianista Clara Schumann[222]. Con esta obra —a los veinte años de edad— había ganado José Cubiles su plaza de profesor del Conservatorio en 1916:

José Cubiles, el joven pianista tan conocido y admirado por su arte distinguido y delicado, discípulo predilecto de doña Pilar F. de la Mora, ha sido nombrado profesor supernumerario de piano, después de haber realizado unos ejercicios brillantes en reñidas oposiciones, en las que ha puesto de relieve su talento, interpretando con fortuna la difícil sonata de Beethoven op. 112 y las variaciones de Brahms sobre un tema de Paganini.

Felicitamos al notable artista que alcanza en tan temprana edad, un puesto que acredita en justicia su talento[223].

La reseña más completa sobre el concurso nos la ofrece el compositor y crítico Rogelio Villar, profesor de Música de Salón en el Conservatorio que, como ya había hecho en el Claustro de profesores, comienza lamentándose de la excesiva ampliación del número de premios:

Los primeros premios de Piano del Conservatorio habían alcanzado en los últimos años un verdadero prestigio, gracias á su limitación, que corren el riesgo de perder si los tribunales los prodigan, en perjuicio del estímulo de los alumnos distinguidos, por la benevolencia y generosidad proverbial del profesorado de este centro.

Al autorizar el reglamento vigente a los alumnos libres para concurrir a premios (el número de éstos, uno por cada clase, o sea cinco, era, en realidad, escaso), ha sido necesario solicitar de la superioridad el aumento de

---

222 PAUL MIES, "Zu Werdegang Und Strukturen Der Paganini-Variationen Op. 35 Für Klavier von Johannes Brahms." *Studia Musicologica Academiae Scientiarum Hungaricae*, vol. 11, no. 1/4, 1969, pp. 323–32.

223 "Noticias generales. José Cubiles", *RMHA*, enero 1916, p. 24.

premios, que se ha sucedido en una forma casi ilimitada (el diez por ciento de los aprobados en cada asignatura); lo que permite abrir la mano siempre, en perjuicio, como hemos dicho, de los alumnos sobresalientes, ya que no hay un premio de selección, como debiera haber.

Y que así es, lo demuestra el número de premios, a nuestro juicio excesivo, que acaban de concederse: cinco por unanimidad y cuatro por mayoría de votos, colocados en orden de actuación, no de mérito. De ser estrictamente justos, con cinco o seis primeros premios concedidos, algunos más a las cualidades artísticas de los alumnos actuantes que a su labor durante el concurso, hubiera quedado más satisfecho el sentido de equidad; pues no se nos alcanza por qué se han concedido dos o tres primeros premios, que igualmente hubieran podido ser segundos, o viceversa[224].

En los días anteriores, la prensa había publicado la relación de premios[225] —con el nuevo reglamento pasan a denominarse diplomas— distinguiendo los de primera clase y segunda, y el número de votos, pero por orden de actuación, y no de mérito:

Diplomas de primera clase	nº votos
Lutgarda Margañón	unanimidad
María del Pilar Torregrosa	unanimidad
José Díaz Canel	unanimidad
Rafaela González Muñoz	unanimidad
Remedios Martínez Moreno	unanimidad
Natividad Díaz Fernández	4
Concepción Escobar	4
Francisca Pardo	4

224 ROGELIO VILLAR, "Los concursos de piano del Conservatorio", *Nuevo Mundo*, 23 julio 1920, p. 18.
225 "En el Conservatorio. Resultado del Concurso a Premios", *El Sol*, 29 junio 1920, p. 14.

LOS CONCURSOS DE PIA

SEÑORITA REMEDIOS
MARTÍNEZ

Los primeros premios de Piano del Conservatorio habían alcanzado en los últimos años un verdadero prestigio, gracias á su limitación, que corren el riesgo de perder si los tribunales los prodigan, en perjuicio del estímulo de los alumnos distinguidos, por la benevolencia y generosidad proverbial del profesorado de este centro.

Al autorizar el reglamento vigente á los alumnos libres para concurrir á premios (el número de éstos, uno por cada clase, ó sean cinco, era, en realidad, escaso), ha sido necesario solicitar de la superioridad el aumento de premios, que se ha sucedido en una forma casi ilimitada (el diez por ciento de los aprobados en cada asignatura); lo que permite abrir la mano siempre, en perjuicio, como hemos dicho, de los alumnos sobresalientes, ya que no hay un premio de selección, como debiera haber.

Y que así es, lo demuestra el número de premios, á nuestro juicio excesivo, que acaban de concederse: cinco por unanimidad y cuatro por mayoría de votos, colocados en orden de actuación, no de mérito. De ser es-

trictamente justos premios concedidos dades artísticas que á su labor du quedado más satis dad; pues no se n concedido dos ó tr igualmente hubiera viceversa.

Los alumnos ofi han distinguido en año han sido: las s nez, Lutgarda Ma Rafaela González joven Díaz Canel, lidades, pero poco

Como es corrien discípulas de Pilar Martínez y Lutgar do en primer térmi de su técnica como pretación de las l delssohn, que era l

La actuación de en el tribunal y en de arte superior y á la que causaron la ilustre profesor desacostumbrada su entusiasmo, cu manifestarse, no t del elogio público. Mora se distinguer por las interpretac interés, y por la pr detalle de matiz y

Las cualidades a tínez, que más que es ya una artista, rriente. Hizo prim las difíciles Variaci ejecutadas con un

Imagen 40. Rogelio Villar, "Los concursos de piano del Conservatorio".

O DEL CONSERVATORIO

nco ó seis primeros os más á las cuali- lumnos actuantes concurso, hubiera l sentido de equi- za por qué se han eros premios, que lo ser segundos, ó

libres que más se ursos del presente s Remedios Martí- Pilar Torregrosa, Paquita Pardo y el n de grandes cua-

stos ejercicios, las a Mora, Remedios gallón, han figura- o por la perfección acierto en la inter- es serias, de Men- le concurso.

pianistas produjo ico una impresión ferente en calidad pañeros. Y es que ja de una manera osotros; su arte y cuentra ocasión de ites, siendo digno ípulos de la señora belleza del sonido, rayentes, de gran n. No se la escapa ión.

de Remedios Mar- umna aventajada onen el nivel co- interpretación en Paganini-Brahms, o absoluto del me-

canismo del piano; y como posee un temperamento de primer orden: sen- sibilidad, compren- sión y musicali- dad, la está reser- vado el porvenir y la fama de otros condiscípulos s u - yos, notabilísimos, actualmente con- certistas, del mé- rito de Cubiles y Lucas Moreno.

Lutgarda Marga- llón también será una pianista dis- tinguidísima, si continúa trabajan- do con el aprove- chamiento que ha demostrado en es- tos concursos. Has- ta que ella actuó, no habíamos oído una interpretación acertada y artísti- ca de las Variacio- nes, de Mendels-

SEÑORITA LUTGARDA MARGALLÓN

shon. Tocó como obra elegida el Allegro de concierto, de Schumann, que interpretó ad- mirablemente.

Sólo por la costumbre, más que por razo- nes pedagógicas, creemos nosotros subsiste el anacrónico ejercicio de lectura. ¿Qué razones hay para no suprimirle en todos los concursos, ya que existe una clase de esta asignatura re- gentada por un artista tan culto como José María Guervós? Porque de aprobarse la lec- tura en la clase del Sr. Guervós, huelga el volver á leer en los concursos.— R. V.

Mª del Carmen García Martín	3
Diplomas de segunda clase	nº votos
Juan Sánchez Ocaña	unanimidad
Margarita Lurgia	unanimidad
Alfonso Camacho	unanimidad
Antonio Pastor Alduán	4
Elena Ayuso	4
Ana María de Reparaz	4
Francisca Cimarra	4

No duda Villar en relacionar los alumnos oficiales y libres que más se han distinguido, esta vez en orden de mérito: las señoritas Remedios Martínez, Lutgarda Margañón, Pilar Torregrosa, Rafaela González Muñoz, Paquita Pardo "y el joven Díaz Canel, un joven de grandes cualidades, pero poco hecho." Así, dedica el resto del artículo a las alumnas de Pilar F. de la Mora, en primer lugar a Remedios Martínez, y cita después a Lutgarda Margañón, incluyendo fotografías de ambas:

Como es corriente en estos ejercicios, las discípulas de Pilar F. de la Mora, Remedios Martínez y Lutgarda Margañón, han figurado en primer término, tanto por la perfección de su técnica como por el acierto en la interpretación de las Variaciones Serias, de Mendelssohn, que era la obra de concurso.

La actuación de las dos pianistas produjo en el tribunal y en el público una impresión de arte superior y muy diferente en calidad a la que causaron sus compañeros. Y es que la ilustre profesora trabaja de una manera desacostumbrada entre nosotros: su arte y su entusiasmo, cuando encuentra ocasión de manifestarse, no tiene límites, siendo digno del elogio del público. Los discípulos de la señora Mora se distinguen por la belleza del sonido, por las interpretaciones atrayentes, de gran interés, y por la preparación. No se le escapa detalle de matiz y de dicción.

Las cualidades artísticas de Remedios Martínez, que más que una alumna aventajada es ya una artista, sobreponen el nivel corriente. Hizo primores de interpretación en las difíciles Variaciones, de Paganini-Brahms, ejecutadas con un dominio absoluto de mecanismo del piano; y como posee un temperamento de primer orden: sensibilidad, comprensión y musicalidad, la está reservado el porvenir y la fama de otros condiscípulos suyos notabilísimos, actualmente concertistas, del mérito de Cubiles y Lucas Moreno[226].

José Cubiles (1894-1971) ocupaba ya una plaza de profesor en el Conservatorio. Había ganado el Premio del Conservatorio en 1911[227], obteniendo también por concurso en 1912 la plaza de alumno extranjero en la clase de Louis Diémer en el Conservatorio de París[228]. En 1914 gana el Premio del Conservatorio de París, junto a otra pianista española, alumna de Tragó, Carmen Pérez[229]. En 1916 gana la plaza de profesor supernumerario —auxiliar que no figura en plantilla— de piano "en reñidas oposiciones", convirtiéndose en "el profesor más joven que ha habido en el Conservatorio desde su fundación"[230]. Tras una carrera de conciertos y distinciones en España y Francia, accede a la cátedra de Piano en el Conservatorio en 1943[231].

El otro "condiscípulo suyo notabilísimo", después de haber ganado en 1918 el Premio del Conservatorio, Antonio Lucas Moreno (1900-1973) acababa de obtener en ju-

---

226 ROGELIO VILLAR, "Los concursos ..."
227 "En el Conservatorio. El Premio Estela", *El Mundo*, 11 noviembre 1911, p. 2.
228 "Triunfo de un pianista español", *LCE*, 9 noviembre 1912, p. 6.
229 J. JOAQUÍN NIN, "La música en el extranjero. La ópera. Los concursos", *RMHA*, julio 1914, p. 17.
230 "José Cubiles", *El Liberal*, 10 enero 1916, p. 4.
231 ROSA M. RECIO, "Cubiles Ramos, Antonio José", *DBE*, Real Academia de la Historia. En: https://dbe.rah.es/biografias/5518/jose-antonio-cubiles-ramos (Fecha de consulta: 11 abril 2024).

nio de 1920 el premio en un concurso convocado por la Junta de Ampliación de Estudios (JAE)[232], consistente en una beca para perfeccionar sus estudios en París, donde estudió con Isidor Philippe, Marguerite Long, Alfred Cortot y Francis Planté, debutando con gran éxito en la Sala *Erard* en 1921[233]. En 1930 obtiene la cátedra de Piano en el Conservatorio de Madrid por fallecimiento de su maestra[234].

Más que alumna... maestra consumada

Conservatorio de música
DISTRIBUCIÓN DE PREMIOS
El día 22, a las tres de la tarde, se celebrará la solemne distribución de premios con arreglo al siguiente programa:
Primero: Marcha militar francesa de la «Suite Algerienne».— Saint-Saëns.
Alumnos de conjunto instrumental, dirigidos por el profesor de dicha clase, don Arturo Saco del Valle.
Segundo. a) «Impresión amorosa» para clarinete y piano.— Yuste.
b) Allegro vivace del concierto para clarinete y piano, op. 50.— Stark.
Por don Manuel Serrano, diploma de primera clase en la enseñanza de clarinete, alumno de don Miguel Yuste.
Tercero. a) Adagio.— Schubert.
b) Rapsodia.— Liszt.
Señorita Remedios Martínez, diploma de primera clase en la enseñanza de piano, alumna de doña Pilar Fernández de la Mora.

---

232 "Un artista genial", *El Universo*, 26 noviembre 1920, p. 2.
233 ROGELIO VILLAR, "Artistas españoles en París. Antonio Lucas-Moreno", *LIEA*, 8 abril 1921, p. 4.
234 ROGELIO VILLAR, "Nuestros grandes artistas. Antonio Lucas-Moreno, profesor del Conservatorio", *La Esfera*, 21 junio 1930, p. 33.

Cuarto. Sonata en sol menor «el trino del diablo»; cadencia de Kreisler.— Tartini.

Por don Senén Federico López, diploma de primera clase en la enseñanza de violín y premio ordinario Sarasate; alumno de don Antonio Fernández Bordas.

Quinto. a) Sueño de amor (nocturno).— Liszt.

b) Venezia e Napoli.—Liszt.

Señorita María del Pilar Torregrosa, diploma de primera clase en la enseñanza de piano; alumna de don José Tragó.

Sexto. a) Final.— C. Franck.

b) Scherzo en sol menor.— M. S. Bossi.

Por don Víctor Zubizarreta, diploma de primera clase en la enseñanza de órgano; alumno de don Bernardo de Gabiola.

Séptimo. a) Etude.— A. H. Chériard.

b) Madrigal.— A. H. Chériard.

Alumnos premiados en la enseñanza de solfeo de la clase de doña Matilde Torregrosa.

Octavo. «De pesca», entremés en prosa.— P. Parellada.

Señorita Inés Perez, diploma de segunda clase, alumna de don José Rubio.

Noveno. «La huelga de los herreros».— F. Coppée (traducción de R. Catarineru).

Por don Félix Briones, diploma de primera clase, alumno de don Ceferino Palencia[235].

El 22 de noviembre de 1920, con motivo de la festividad de Santa Cecilia, tuvo lugar la ceremonia de entrega de premios del curso anterior. Fue un acto solemne y dilatado —de cuatro horas de duración— que se inició con la interpretación del programa anunciado a cargo de una selección de los alumnos premiados[236]:

---

235 "Conservatorio de Música. Distribución de premios", *La Tribuna*, 20 noviembre 1920, p. 7.

236 "Distribución de premios en el Conservatorio", *ABC*, 23 noviembre 1920,

Imagen 41. Portada del Heraldo de Madrid, 23 noviembre 1920.

Al terminar el programa, el Sr. Bretón leyó un discurso-memoria, en el que dedicó un recuerdo a los profesores del Conservatorio muertos y a los jubilados; elogió la labor del maestro Emilio Serrano para librar al arte lírico de la opresión extranjera.

Habló de las mejoras obtenidas por los empleados del Conservatorio y de la influencia de la música en el espíritu de los hombres, y terminó alentando a los discípulos para que prosigan su labor.

Seguidamente se efectuó el reparto de los premios (...)

La fiesta terminó a las siete de la tarde.

Además del Claustro de profesores del Conservatorio, asistían también el Director General de Bellas Artes y otras autoridades[237]. Al día siguiente, la información sobre el acto ocupaba la portada del *Heraldo de Madrid* y del suplemento gráfico de *El Imparcial*, incluyendo además la noticia e

---

p. 14.

237 "En el Conservatorio", *El Debate*, 23 noviembre 1920, p. 6.

136

Imagen 42. Bretón y Fernández Bordas con los primeros premios.

imágenes de la entrega en las páginas centrales de los principales diarios[238].

En la portada del *Heraldo* aparecía un montaje de dos fotografías, una general de la entrega de premios y otra de retrato de conjunto de los principales premiados con el Secretario del centro, con el siguiente texto:

El director D. Tomás Bretón entregando los premios a los alumnos del Conservatorio. En la parte inferior: 1. señorita Remedios Martínez, diploma de primera clase de piano; 2. D. Manuel Serrano, premio de clarinete; 3. señorita Inés Pérez, premio de declamación; 4. El maestro Bordas; 5. Senén Federico López, permio de violín; 6. María del Pilar Torregrosa, premio de piano y 7. D. Félix Briones, premio de declamación.

---

238 "En el Conservatorio. La fiesta de Santa Cecilia", *HM*, 23 noviembre 1920, p. 1; "En el Conservatorio. La fiesta de Santa Cecilia", *El Imparcial*, 23 noviembre 1920, p. 7; "En el Conservatorio. La fiesta de Santa Cecilia", *LCE*, 23 noviembre 1920, p. 4; "La fiesta de Santa Cecilia", *La Acción*, 23 noviembre 1920, p. 2; "La fiesta de Santa Cecilia", *La Época*, 23 noviembre 1920, p. 2.

También en *La Tribuna* aparecía una foto de "El ilustre maestro Bretón con los primeros premios"[239]

Durante los días siguientes, se suceden en la prensa diversas noticias sobre el evento[240]. La mayoría de ellas repiten la información ya publicada en otros medios, pues era frecuente que la suministrara el mismo periodista.

De entre los nueve alumnos con diploma de primera clase de piano, solo fueron seleccionadas para tocar en la ceremonia de entrega de premios Pilar Torregrosa, como alumna de José Tragó, y Remedios Martínez, probablemente propuesta por su propia maestra, que de nuevo encandiló a la prensa:

> y la alumna de la eminente profesora de piano, doña Pilar Fernández de la Mora, Srta. Remedios Martínez, que obtuvo primer premio ejecutó el «Adagio» de Schubert y una «Rapsodia» de Liszt, con tal perfección que más que alumna parecía maestra consumada[241].

Este artículo sobre el día de Santa Cecilia fue escrito por José Forns, Catedrático de Estética e Historia de la Música del Conservatorio de Madrid. Al reseñar la participación musical en la ceremonia de los alumnos premiados, solo se detuvo a comentar la interpretación del violinista Senén Federico y la de Remedios, destacando la perfección de la pianista, y elevándola al rango de "maestra consumada".

Al día siguiente también encontramos otra breve reseña en la prensa, con el título "Premio del Conservatorio", en esta ocasión dedicada exclusivamente a Remedios y sus interpretaciones en la ceremonia:

---

239 "La fiesta de Santa Cecilia en el Conservatorio", *La Tribuna*, 23/11/1920, p. 11.

240 "En el Conservatorio", *Ejército y Armada*, 24 noviembre 1920, p. 4; "En el Conservatorio", *La Publicidad*, 24 noviembre 1920, p. 2; "La fiesta de Santa Cecilia", *El Universo*, 24 noviembre 1920, p. 3;

241 JOSÉ FORNS, "La música y los músicos. El día de Santa Cecilia. En el Conservatorio", *HM*, 24 noviembre 1920, p. 3.

En la solemne fiesta celebrada el lunes en el Conservatorio Nacional de Música y Declamación, fue agraciada con el primer premio la bella y distinguida señorita Remedios Martínez Moreno, que en los exámenes del pasado junio terminó con brillante aprovechamiento la Carrera de piano.

En la hermosa festividad tocó la nueva profesora con insuperable y admirable maestría, que mereció unánimes elogios y sinceros aplausos, el "Adagio" de Schubert, y la «Rapsodia num. 12» de Liszt.

A las muchas felicitaciones que ha recibido la notable profesora de piano, una la nuestra cordial y entusiasta[242].

Confunde el autor de la reseña la oposición a Premio —que Remedios había culminado brillantemente en junio— con la finalización de la carrera de piano, que había logrado seis años antes. Aunque, por otra parte, resultara lógico pensar que acaba de finalizar su carrera, como el resto de premiados de su misma edad o mayores. Pero esta reseña coincide con las apreciaciones de José Forns sobre las interpretaciones de Remedios en la ceremonia de entrega de los premios: tocó "con insuperable y admirable maestría", y mereció "unánimes elogios y sinceros aplausos".

Normalmente, los premiados interpretaban en la entrega de premios alguna de las obras con las que habían ganado el concurso, como fue el caso de Senén Federico, que interpretó de nuevo la Sonata «el trino del diablo» de Tartini, que había elegido también para el premio[243]. Sin embargo, Remedios interpretó dos obras nuevas en la ceremonia. Inició su actuación con el «Adagio» de Schubert, probablemente el *Adagio* en sol mayor D. 178, una obra aparentemente sencilla y de tempo lento, que exige una

---

242 "Premio del Conservatorio", *LCE*, 25 noviembre 1920, p. 3.
243 José Forns, "De Música. Oposiciones al Premio Sarasate", *HM*, 24 junio 1920, p. 3.

Imagen 43. Diploma de primera clase de Piano. ARM.

interpretación muy cuidada en el aspecto sonoro y polifónico, y que le serviría para familiarizarse con el instrumento y "calentar". Después interpretó la *Rapsodia húngara* nº 12 de Franz Liszt, que en esos años era la obra cumbre con la que finalizaban sus conciertos en Madrid grandes pianistas como Artur Rubinstein, y constituía "uno de sus mayores éxitos"[244]. Es una obra grandilocuente, que explota todos los registros del piano, las dificultades técnicas en su grado máximo (trinos dobles, velocidad, acordes, etc.) y que exige además una elevada madurez interpretativa y comprensión musical.

Una interpretación *maestra* de esta obra suponía enfrentarse a numerosas dificultades: los continuos cambios de *tempo* aplicando el *rubato*; la gran cantidad de ornamentación (trinos, melismas); variedad de dinámica, articulación y pedalización; imitación de los instrumentos de una orques-

---

244 "De música. Conciertos Rubinstein", *El Mundo,* 15 marzo 1917, p. 4.

140

ta sinfónica, de instrumentos populares y de elementos del canto "zíngaro"[245]. Indudablemente, tuvo que impresionar al auditorio la "insuperable maestría" de la interpretación de una joven Remedios de diecisiete años[246].

El Diploma de primera clase del curso 1919 a 1920, firmado por Tomás Bretón, hace constar que "después de acreditar que en el presente curso académico ha terminado sus estudios de Piano con la calificación de Sobresaliente" había realizado los ejercicios de oposición a Premios, y se expide "para que en todo tiempo pueda acreditar su notable aplicación y especial aprovechamiento"[247].

Además del diploma, desde 1903 la propia maestra distinguía a sus alumnas que obtenían el primer premio[248]:

PREMIOS A LAS ALUMNAS DEL CONSERVATORIO

En el Conservatorio Nacional de Música y Declamación se han venido verificando en estos días, con gran brillantez, como ya hemos dicho, los exámenes y concursos de premios.

Entre las alumnas se han distinguido las de la eminente pianista D.ª Pilar Mora.

La ilustre profesora ha hecho un precioso obsequio á las siete discípulas suyas que han obtenido primer premio en los concursos de este año. Consiste en una medalla de plata de gran tamaño, primorosamente grabada y encerrada en elegante estuche.

La idea de la eminente pianista, al hacer este valioso regalo, merece sincero aplauso, porque servirá de estímulo á sus alumnas para el estudio y el trabajo.

Imagen 44. La Época, 27 junio 1903, p. 2.

---

245 MAIIA HOLSHTEIN, "F. Liszt's Hungarian Rhapsody No. 12: the Summa of Performance Paradigms", *Culture of Ukraine*, 2023. DOI: 10.31516/2410-5325.079.09.

246 Una impresionante versión de esta obra por un joven Evgeny Kissin de 19 años se puede ver en: *Franz Liszt's Hungarian Rhapsody No. 12 in C minor (1847).* Played by Evgeny Kissin in 1990. https://www.youtube.com/watch?v=SWxMmMxmpTc (fecha de consulta: 20 marzo 2024).

247 Diploma de 1ª Clase en la asignatura de Piano a favor de Dª Remedios Martínez Moreno. ARM.

248 "Premio a las alumnas del Conservatorio", *La Época*, 27 junio 1903, p. 2. Agradezco a Helena Martínez la comunicación de esta información.

Imagen 45. Medalla 1er Premio Pilar Mora 1920 (ARM).

En el archivo familiar se conserva una medalla conmemorativa que en su cara tiene inscrita la leyenda "Real Conservatorio de Música de Madrid" con un relieve de Calíope, la musa de la literatura amorosa, representada frecuentemente con una lira, en el anverso. El reverso, dentro de una corona de laureles, tiene una inscripción con el texto: A Remedios Martínez / 1er Premio / Pilar Mora / 1920.

Una semana después, aún la prensa se hace eco del acontecimiento, dedicándole la revista ilustrada *Blanco y Negro* una página completa con el título de "Madrid. En el Conservatorio de Música y Declamación". En la parte superior aparece en primer término Remedios Martínez —en una de las escasas fotografías donde esboza una sonrisa— y una vista general del resto de premiados[249].

"...Y tocando en conciertos en el Centro de Hijos de Madrid"[250]. Al esbozar un breve curriculum años depués, la propia Remedios afirmaba que, después de ganar el Primer Premio en el Conservatorio de Madrid, tocó "en conciertos" en el Centro de Hijos de Madrid.

Este Centro era una sociedad creada en 1904 para el fomento de la cultura y las bellas artes, que también llevaba a cabo una gran labor de beneficencia en la ciudad[251].

---

249 "Madrid. En el Conservatorio de Música y Declamación", *Blanco y Negro*, 28 noviembre 1920, p. 7.

250 REMEDIOS MARTÍNEZ, *Solicitud de participación en el Premio Barranco*. Serón, 26 agosto 1925. AHPMA, caja 74665.

251 *Estatutos y Reglamento del Centro de Hijos de Madrid*. Madrid, Imprenta de M. Núñez Samper, 1904.

MADRID. EN EL CONSERVATORIO DE MUSICA Y DECLAMACION

...OS DE LA DISTRIBUCION DE PREMIOS CELEBRADA EL DIA DE SANTA CECILIA. EN LAS FOTOGRAFIAS APARE... OS ALUMNOS PREMIADOS EN PIANO, ORGANO, VIOLIN Y DECLAMACION, PILAR TORREGROSA, REMEDIOS MAR... , NATIVIDAD DIAZ, INES PEREZ, GRACIA DE RODA, VICTOR ZUBIZARRETA, MARIANO SOBLECHERO Y SEN... ...CO, A QUIEN SE CONCEDIO EL PREMIO SARASATE, ACOMPAÑADO POR SU PROFESOR, SR. FERNANDEZ BORD.

(FOTOS LARREGLA)

Imagen 46. *Blanco y Negro*, 28 noviembre 1920, p. 7.

143

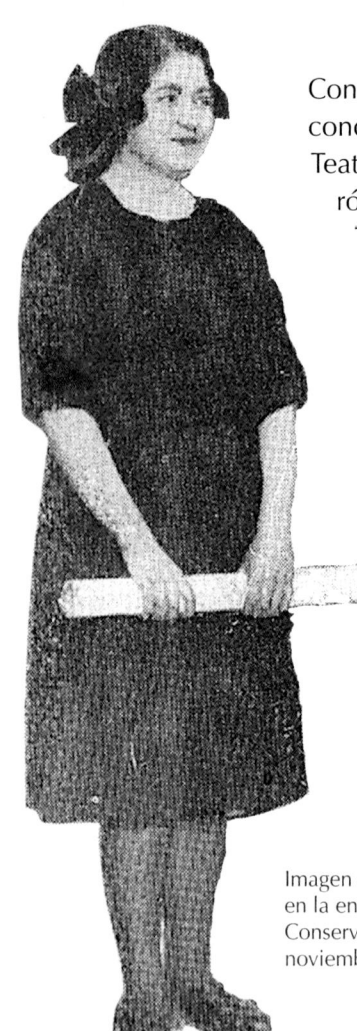

Con el fin de realizar funciones y conciertos, en 1918 adquiere el Teatro Odeón (hoy Teatro Calderón), que pasó a denominarse Teatro del Centro hasta 1927, convirtiéndose en la sede de la orquesta que dirigía José Lassalle[252].

También organizaba conciertos de cámara y solistas en los salones del Centro, donde tocaban alumnos premiados y profesores del Conservatorio, como José Cubiles[253]. En estos salones daría Remedios sus últimos conciertos en Madrid.

Imagen 47. Remedios Martínez en la entrega de Premios del Conservatorio de Madrid, 22 noviembre 1920.

252 EDUARDO VALERO, "El Teatro Calderón y el Centro de Hijos de Madrid", *Historia urbana de Madrid*, 25 enero 2015. En: https://historia-urbana-madrid. blogspot.com/2015/01/teatro-calderon-centro-hijos-de-madrid-odeon.html (Fecha de consulta: 16 abril 2024)

253 "Centro de Hijos de Madrid. Conciertos Lasalle", *La Publicidad*, 22 febrero 1921, p. 3.

Málaga:
El Premio Barranco (1925)

En la Estación de Serón

Desde diciembre de 1920, tras ganar el premio del Conservatorio, deslumbrar con la *Rapsodia* de Liszt en el día de Santa Cecilia y, a buen seguro, también en alguno de los conciertos en el Centro de Hijos de Madrid, Remedios vuelve a Serón

Su hermano Leo continúa los estudios de violín como alumno oficial en el Conservatorio de Madrid durante dos cursos más. Sin embargo, el fallecimiento de su padre en junio de 1919 y el delicado estado de salud de su madre, que terminaría falleciendo de "tiroiditis" en noviembre de 1921[254], provocarían su vuelta al pueblo.

Los problemas de salud de su madre y, probablemente, la situación económica familiar tras la muerte de su padre, no permitirían a Remedios continuar sus estudios en París, negándole "el porvenir y la fama de otros condiscípulos suyos notabilísimos, actualmente concertistas, del mérito de Cubiles y Lucas Moreno", que le auguraba el compositor y crítico musical Rogelio Villar.

---

254 Acta de defunción nº 181. María Moreno García. RCS, 8 noviembre 1921.

Imagen 48. Remedios Martínez en la Estación de Serón (c.1920).[255]

A pesar de la gran ausencia que tuvo que sentir Remedios por el fallecimiento de su padre, que había sido el gran estímulo externo para estudiar piano en sus años infantiles, logró prepararse, ganar y recoger el premio en el Conservatorio de Madrid como "una maestra consumada". Además de las dificultades emocionales y académicas, debió superar también numerosos obstáculos sociales como señorita que estudiaba en Madrid "sola".

Sin duda, la presencia de "nuestro querido amigo de Serón (Almería) D. Enrique" durante la preparación y celebración del Premio del Conservatorio, además de un gran apoyo para Remedios, habría supuesto una gran proyección social de la pianista en la esfera pública madrileña. De modo análogo a su presentación en Almería en 1915, podría haber ofrecido recitales en salones públicos y privados, sociedades, e incluso ante la Familia Real, logrando un apoyo para la continuación de sus estudios. También podría haber preparado los concursos para una plaza de alumno extranjero en el Conservatorio de París —como Cubiles— o

---

255 Junto a Encarnación Pérez Torreblanca y a su sobrina Remedios Pérez Martínez, a la que impartiría clases de piano. ARM.

para una beca de perfeccionamiento de la Junta de Ampliación de Estudios —como Lucas Moreno—.

A la situación familiar, y posiblemente también económica, se añadía otra razón para volver a Serón.

"Mi querida Remedios:"

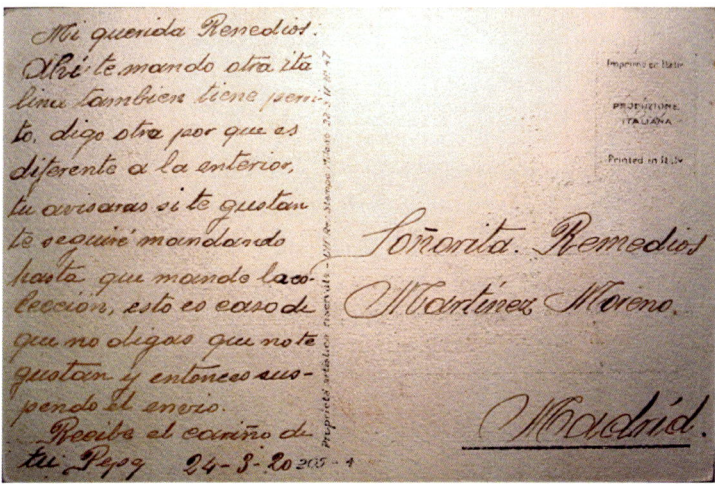

Imagen 49. José Rodríguez
Pérez, Postal a Remedios
Martínez, Serón, 24 marzo
1920. Reverso. ARM.

Imagen 50. José Rodríguez
Pérez, Postal a Remedios
Martínez, Serón, 24 marzo
1920. Anverso. ARM.

147

El 24 de marzo de 1920, José Rodríguez Pérez escribió una postal a la "Señorita Remedios Martínez Moreno. Madrid." Era, por tanto, para entregarla en mano:

> Mi querida Remedios:
> Ahí te mando otra italiana, también tiene perrito, digo otra porque es diferente a la anterior, tu avisarás si te gustan te seguiré mandando hasta que mande la colección completa, esto en caso de que no digas que no te gustan y entonces suspendo el envío.
> Recibe el cariño de tu Pepe

Esta breve tarjeta es el único documento conservado que nos informa de la estancia de Remedios en Madrid en marzo de 1920, cuando estaba preparando el Premio. Además de evidenciar una relación de noviazgo ya en esas fechas, el anuncio de próximos envíos nos revela que la estancia en Madrid se prolongaría algunos meses, probablemente hasta la celebración de la oposición a Premio a finales de junio.

José Rodríguez Pérez (1896-1959) provenía de una familia acomodada de Serón[256]. Su padre, Emilio Rodríguez Porras (1852-1927), estudió Derecho en la Universidad de Granada y fue Juez Municipal de Serón entre 1905 y 1919; aunque su principal ocupación fue administrar sus propiedades agrarias y mineras en múltiples fincas heredadas por él y por su mujer, Matilde Pérez Jiménez (1858-1915)[257].

El acceso a la biblioteca de su padre marcaría el interés de José por los libros y la cultura[258]. Además, mantendría toda su vida una pasión por el campo y la caza[259]. Como

---

256 Acta de nacimiento José Antonio Virginio Manuel Auspicio Rodríguez Pérez, nº 140, fol. 347. RCS, 11 julio 1896.

257 EMILIO RODRÍGUEZ, *Familia Rodríguez y López-Sáez*. Granada, s.e., 2019, pp. 77-94.

258 Afirmaba haber leído *El Quijote* cinco veces por la diversión que le producía, y en su enfermedad final pedía que le leyeran *Pepita Jiménez*. REMEDIOS RODRÍGUEZ, *Comunicación personal*. Almería, 23 marzo 2024.

259 Entre 1922 y 1950 aparece en el BOPA en cinco ocasiones José Rodríguez

hijo de juez, era un hombre recto y creía en el cumplimiento de la Ley, así en 1917, cuando tenía que cumplir el servicio militar, denuncia a diecinueve mozos de su cupo que no se habían presentado:

> El mozo del cupo de la villa de Serón, José Rodríguez Pérez, ha denunciado al Capitán General de la Región a 19 individuos que se hallaban sin cumplir los deberes militares que marca la Ley[260].

Unos años después participa también en la vida municipal de Serón. En octubre de 1923 es nombrado oficial cuarto de Secretaría del Ayuntamiento[261], cargo que rechaza, pues ya habría iniciado su actividad como industrial[262]. Ya en enero de 1924, ocuparía cargos de representación municipal, siendo nombrado concejal y regidor síndico, elegido por la Corporación para cuidar sus intereses[263]. Forma parte de las comisiones de Ornato, Alumbrado, Abastos y Espectáculos[264]. Y en abril del mismo año, es elegido Segundo Teniente de Alcalde y miembro de las comisiones de Higiene y Sanidad y de Abastos[265]. En enero de 1927 vuelve a ser nombrado concejal y forma parte de la comisión de Hacienda y de la de Abastos y Espectáculos públicos[266].

Ya en esos años había intensificado su actividad comercial, con continuos viajes a la capital, que le llevarían a ser conocido, pues en diciembre de 1926 aparece en la sección

Pérez (Serón) como concesionario de una licencia de caza. Véase "Gobierno Civil de la Provincia de Almería. Relación de licencias de caza", BOPA, [10 enero 1922, p. 4; 19 diciembre 1928, p.4; 9 marzo 1932, p. 4; 6 diciembre 1948, p. 1; 11 abril 1950, p.1].

260 "Por una denuncia. Soldados prófugos detenidos", *CM*, 4 octubre 1917, p. 1.

261 Sesión ordinaria, 14 octubre 1923. AMS. LASA 1923, p. 46.

262 Sesión ordinaria, 21 octubre 1923. AMS. LASA 1923, p. 60.

263 Sesión extraordinaria, 13 enero 1924. AMS. LASA 1923, p. 85.

264 Sesión extraordinaria, 15 enero 1924. AMS. LASA 1923, pp. 87-8.

265 Sesión extraordinaria, 6 enero 1924. AMS. AcA 1924, fol. 10v

266 Sesión extraordinaria, 14 enero 1927. AMS. AcA 1924, fols. 85v-86r.

Imagen 51. José Rodríguez Pérez hacia 1920.

150

"Los que viajan" del *Diario de Almería* la escueta noticia: "Se ha marchado a Serón don José Rodríguez Pérez"[267].

Aunque en los años siguientes sus ocupaciones comerciales y como industrial lo alejan de labores de representación más directa en el Ayuntamiento, al ser el primer contribuyente como industrial del pueblo Serón, es nombrado Vocal nato de la Comisión de evaluación del repartimiento general de utilidades —un impuesto municipal que gravaba a las personas y a las rentas obtenidas en el municipio— para el ejercicio 1928[268]. Aún en 1932 sigue apareciendo como Vocal de la comisión evaluación para la confección del repartimiento municipal, dentro de la sección industrial y de comercio[269]. En 1934 vuelve a ser designado concejal, pero no toma posesión de su cargo[270].

En 1932 es nombrado vocal de la sociedad *El Progreso Mercantil*, fundada dos años antes por un grupo bastante influyente de comerciantes[271]. La expansión de su actividad industrial como fabricante de jamones, le lleva a solicitar en noviembre de 1935 la concesión de un depósito de carnes, pero la corporación municipal la desestima "porque las disposiciones legales no regulan ni por analogía la concesión de depósitos para carne"[272]. El volumen de su industria queda patente en los tiempos convulsos de la Guerra Civil, cuando intentaron incautarle "unos mil jamones que tenía en el almacén", aunque finalmente se los pagaron[273]. De hecho, durante los primeros meses de la contienda,

---

267 "Los que viajan", *Diario de Almería*, 8 diciembre 1926, p. 1.
268 "Administración municipal. Número 412. Edicto", *BOPA*, 4 febrero 1928, p. 2.
269 Sesión ordinaria, 19 junio 1932. AMS. LAAS 1930-2, fol. 86r; Sesión ordinaria, 20 noviembre 1932. AMS. LASA 1932. Fol. 7r.
270 Sesión ordinaria, 2 marzo 1934. AMS. LASA 1932. Fol. suelto.
271 JUAN TORREBLANCA, *La memoria silenciada...*, p. 73n.
272 Sesión ordinaria, 2 marzo 1934. AMS. LASA 1934. Fol. 54v.
273 JUAN TORREBLANCA, *op cit*, p. 128.

pudo ejercer su actividad comercial de industrial en jamones por "los pueblos de esta región"[274].

En julio de 1937 se abrió una suscripción para socorrer a las víctimas del bombardeo de Almería por la escuadra alemana, y encontramos a José Rodríguez entre los donantes del pueblo de Serón, junto al Ayuntamiento, la agrupación de Izquierda Republicana, la CNT, la UGT, el juez municipal y otros veinticinco vecinos[275].

Su interés por la cultura le llevó a participar en la adquisición de una máquina de cine sonoro junto a los vecinos Juan Francisco Cano Manzanares, Antonio García Fernández, Lucio Jiménez Pérez, José Martínez Domene, Francisco Martínez García, José Membrive Martínez y Antonio Pérez Domene, que aportaron un total de dieciséis mil pesetas. Esta máquina fue colocada durante el período republicano en el antiguo Teatro Villaespesa, "amortizándose lo que faltaba por pagar con el producto obtenido en las funciones que en esta localidad se dieron"[276]. A finales de 1939, "con el fin de que este cuente con un nuevo ingreso, habían acordado hacer donación de la misma al Ayuntamiento", a condición de que se dé preferencia a los donantes en caso de arrendamiento del servicio, y de que bajo ningún concepto se venda o alquile la máquina a otro municipio.

Esta donación coincide con la rehabilitación del antiguo cine tras la Guerra Civil, llevada a cabo por el entonces alcalde de Serón, José Martínez Santisteban. A partir de ese momento se llamaría "Cine España", y en octubre comien-

---

274 Pedro Villaescusa, Autorización a José Rodríguez Pérez y Juan Plaza Pérez. Serón, Comité de Abastos y Transportes, 13 noviembre 1936; Antonio Trujillo, Autorización a José Rodríguez Pérez. Serón, Comité Local Antifascista, 29 marzo 1937. ARM.

275 "Suscripción abierta para socorrer a las familias de las víctimas del criminal bombardeo", ¡Adelante!, 21 julio 1937, p. 2. Reproducida en Anexo III.

276 Sesión ordinaria, 4 mayo 1940. AMS. LAAS 1937-40, fols. 80r-80v. Reproducida en Anexo IV.

zan las gestiones con distintas distribuidoras para reanudar la programación[277].

A finales de los años cuarenta, José Rodríguez continúa su actividad como fabricante de jamones, y aparece su nombre en la "Relación de las Razones Sociales propietarias de los Almacenes al por mayor de productos cárnicos a quienes se les ha concedido la renovación del permiso sanitario para el funcionamiento durante la actual temporada"[278]. En 1947, únicamente figuran en Serón José Rodríguez Pérez con el nº 599 de registro de la Dirección General de Sanidad y Francisco García Fernández con el nº 1084. José Rodríguez continúa su actividad y renueva el permiso sanitario en 1949 y 1950[279]. Es, por tanto, uno —con el nº de registro sanitario más antiguo— de los tres empresarios jamoneros que se consolidaron en Serón hacia la década de 1930, y que se ampliarían a cinco empresas en la década de 1950[280]. A esta expansión contribuyó muy significativamente Remedios, que se ocupaba con su sabiduría —a ella nunca la engañaban— del almacén de jamones mientras su marido ejercía la actividad comercial en otras poblaciones[281].

---

277 Florencio Castaño, "El Cine «España» de Serón. Un lugar de entretenimiento para los seronenses de la posguerra", *Al-Cantillo* nº 46 (2012). En: https://turismoseron.es/blog/el-cine-espana/ (fecha de consulta: 19 abril 2024).

278 "Dirección General de Sanidad. Servicio de Sanidad Veterinaria. Relación de las Razones Sociales propietarias de los Almacenes al por mayor de productos cárnicos a quienes se les ha concedido la renovación del permiso sanitario para el funcionamiento durante la actual temporada, con expresión del personal Veterinario Oficial que deberá prestar servicio en los mismos", *BOE* nº 190, 9 julio 1947, p. 3824.

279 "Dirección General de Sanidad. Servicio de Sanidad Veterinaria. Relación de las Razones Sociales propietarias de los Almacenes al por mayor de productos cárnicos", *BOE* nº 13, 13 enero 1949, p. 194; "Relación de almacenes al por mayor de productos cárnicos que en virtud de lo dispuesto en la orden de 22 de junio último han solicitado la renovación del permiso sanitario para el ejercicio económico de 1950", *BOE* nº 38, 7 febrero 1950, p. 548.

280 Orden de 9 de marzo de 2015, por la que se publica el pliego de condiciones de la Indicación Geográfica Protegida «Jamón de Serón». Consejería de Agricultura, Pesca y Desarrollo rural. *BOJA* nº 51, 16 marzo 2015, pp. 300-307.

281 Remedios Martínez, *Comunicación personal*, 23 abril 2024.

La sencillez homérica

Tras el fallecimiento de su madre en noviembre de 1921, Remedios contrajo matrimonio con José Rodríguez Pérez el día de Navidad de 1921, a los dieciocho años [282]. De luto, sin padres y acogida por sus familiares, fue una ceremonia íntima "en casa de la contrayente". De esta unión nacerían siete hijos: Matilde (1923-2010), Emilio (1925-1926), María (1927-2010), José (1933-1971), Enrique (1935-2016), Dolores (1940) y Remedios (1943).

Se instalaron en una casa de dos plantas en la calle Real, en la Plaza de Enmedio. En un local de la planta baja estaba el almacén de jamones, donde también Remedios echaba una mano... No se han conservado documentos que acrediten que Remedios siguiera perfeccionando sus estudios en Madrid, ni que mantuviera correspondencia con su maestra, Pilar F. de la Mora, pero aún con las tareas del hogar, el cuidado de niños y del negocio familiar, nunca deja de estudiar.

Así, en julio de 1925 la prensa se hace eco de la convocatoria de un concurso "para jóvenes pianistas"[283].

A la muerte del eminente pianista y profesor malagueño José Barranco (1876-1919) se creó una Fundación para ayudar a pianistas menores de veinticinco años en dos modalidades: un donativo anual para estudiantes del Conservatorio María Cristina de Málaga y un «Premio Barranco» —cada cinco años— para estudiantes de cualquier provincia de Andalucía o de los territorios del Norte de África que estuvieran bajo el dominio o protectorado español[284].

---

282 *Acta de matrimonio nº 47*. 25 diciembre 1921. Tomo 18, fol. 47. RCS.

283 "Un concurso. Para jóvenes Pianistas", *LI*, 16 julio 1925, p. 3; "Premios a pianistas jóvenes", *Diario de Córdoba*, 16 julio 1925, p. 1; "De interés para los pianistas jóvenes", *El Telegrama del Rif*, 19 julio 1925, p.1; "Sociedad Filarmónica. Premio Barranco", *El Defensor de Granada*, 13 julio 1925, p. 2; "Sociedad Filarmónica. Premio Barranco", *LUM* (Málaga), 14 julio 1925, p. 4; "Sociedad Filarmónica. Premio Barranco", *El Liberal* (Sevilla), 26 julio 1925, p. 4.

284 FRANCISCO J. GIMÉNEZ-RODRÍGUEZ, "Motivos para un centenario: José Barranco

LA INDEPENDENCIA
DIARIO CATÓLICO

ALMERIA | Año XVII | Núm. 5.534 | Segunda Época | Jueves 16 de Julio de 1925 | Oficinas y Talleres, Eduardo Pérez, 8 | Pagos anticipados | Apartado de Correos núm. 26

Un concurso

PARA JOVENES PIANISTAS

La Junta Directiva de la Sociedad la Anónima de Málaga, en cumplimiento de los Estatutos de la «Fundación Barranco» y actuando como Patronato de la misma, ha acordado convocar a oposición para otorgar un premio de dos mil pesetas y un piano marca «Sigma» a pianistas jóvenes de ambos sexos, con arreglo a las siguientes condiciones:

Primera Los aspirantes al Premio deberán solicitarlo del señor Presidente de la Sociedad Filarmónica desde la publicación de este anuncio hasta el día 31 del próximo Agosto, acompañando documentación donde acrediten legalmente ser natural o estar avecindado en la región de Andalucía o en los territorios del Norte de Africa que están bajo el dominio o protectorado español, y que su edad, en la fecha de esta convocatoria, no exceda de veinticinco años.

Segunda Los ejercicios de oposición se verificarán públicamente en los salones de esta Sociedad el día 25 del próximo Septiembre y siguientes, si fuera necesario, y consistirán en la ejecución al piano de:

a) «Variaciones serias», op. 54 de Mendelssohn.

b) Una obra a elección del opositor.

c) Un manuscrito que se entregará con cinco minutos de antelación para su lectura.

Tercera Los opositores actuarán por orden de sorteo, no pudiendo permanecer en la sala de los ejercicios hasta después de verificados los suyos.

Cuarta En las oposiciones figurarán dos mesas: una formada por el Tribunal compuesta de cinco o siete jueces peritos en música, de los que dos por lo menos serán profesores del Conservatorio de María Cristina de Málaga, y otra de honor constituida por el Patronato de la «Fundación Barranco».

Quinta Terminadas las oposiciones, el Tribunal someterá la propuesta al Patronato que determinará, levantándose acta que firmarán los Patronos y Jueces.

Sexta El fallo, que será inapelable, se hará público seguidamente, entregándose al agraciado las dos mil pesetas del premio, el piano y un diploma donde conste la adjudicación.

Séptima El piano que se entrega con el premio ha sido donado para este objeto por la casa «Juan López», de Málaga.

Imagen 52. "Un concurso. Para jóvenes pianistas", *LI*, 16 julio 1925, p. 3.

Habrían de pasar cinco años desde la creación de la Fundación para que los remanentes acumulados pudieran dar lugar a la convocatoria del primer «Premio Barranco» en 1925. Tal y como exigían los estatutos de la Fundación, la convocatoria fue anunciada en la prensa con dos meses de antelación, especificando el contenido de los ejercicios de oposición, consistentes en la ejecución de:

a) Variaciones serias op. 54 de Mendelssohn.

Borch (1876-1919): pianista, profesor y 'filarmónico' olvidado", en Ruiz-Hilillo, M. (ed.) *Sociedad Filarmónica de Málaga. 150 años de música*. Málaga, Fundación Unicaja, 2020, 127-133.

155

b) Una obra a elección del opositor.

c) Un manuscrito que se entregaría con cinco minutos de antelación para su lectura.

También se anunciaba la cuantía del premio —dos mil pesetas—, que incluía —por única vez en su historia— un piano marca SIGMA donado por la casa Juan López de Málaga, antiguo socio de la casa "López y Griffo"[285].

Los aspirantes debían remitir al Presidente de la Sociedad Filarmónica una solicitud —antes del 31 de agosto—, acreditando "legalmente ser natural o estar avecindado en la región de Andalucía o en los territorios del Norte de África que están bajo dominio o protectorado español, y que su edad, en la fecha de esta convocatoria, no exceda de veinticinco años". Los ejercicios de oposición serían públicos y se realizarían en los salones de la Sociedad Filarmónica el 25 de septiembre "y siguientes, si fuera necesario".

Durante el mes de agosto se recibieron veintidós solicitudes de poblaciones andaluzas y del protectorado: Málaga (8), Granada (3), Sevilla (3), Ronda (2), Jerez (1), La Línea (1), Melilla (1), Ceuta (1), Cádiz (1) y Serón (1). De ellas, quince solicitantes eran mujeres —un 68,2%—, pues el alumnado de las enseñanzas de piano eran mayoritariamente mujeres, una herencia de la educación de adorno decimonónica[286].

Con fecha 17 de agosto se requiere a una de las solicitantes de Sevilla que presente certificado de nacimiento y "si es V. de estado casada, como parece deducirse de su cédula personal, es necesario también que en la instancia se consigne la autorización de su marido"[287]. Al no obtener res-

---

285 Juan LOMEÑA, (Secretario), «Sociedad Filarmónica de Málaga. Premio Barranco», *Diario de Almería*, 17 de julio 1925, p. 2.

286 Estas cifras eran aún más elevadas en las matrículas del alumnado. Durante el curso 1919-1920 en el Conservatorio de Madrid, se inscribieron en octavo curso de piano 47 estudiantes, de las cuales 42 eran mujeres, un 89,4%. Real Conservatorio de Música y Declamación. Memoria del Curso 1919 a 1920. Madrid, Imp. Gaisse, 1920, p. 19.

287 "17 agosto 1925. Sra. Dª Rosario Sánchez Jiménez", AHPMA Caja 74665.

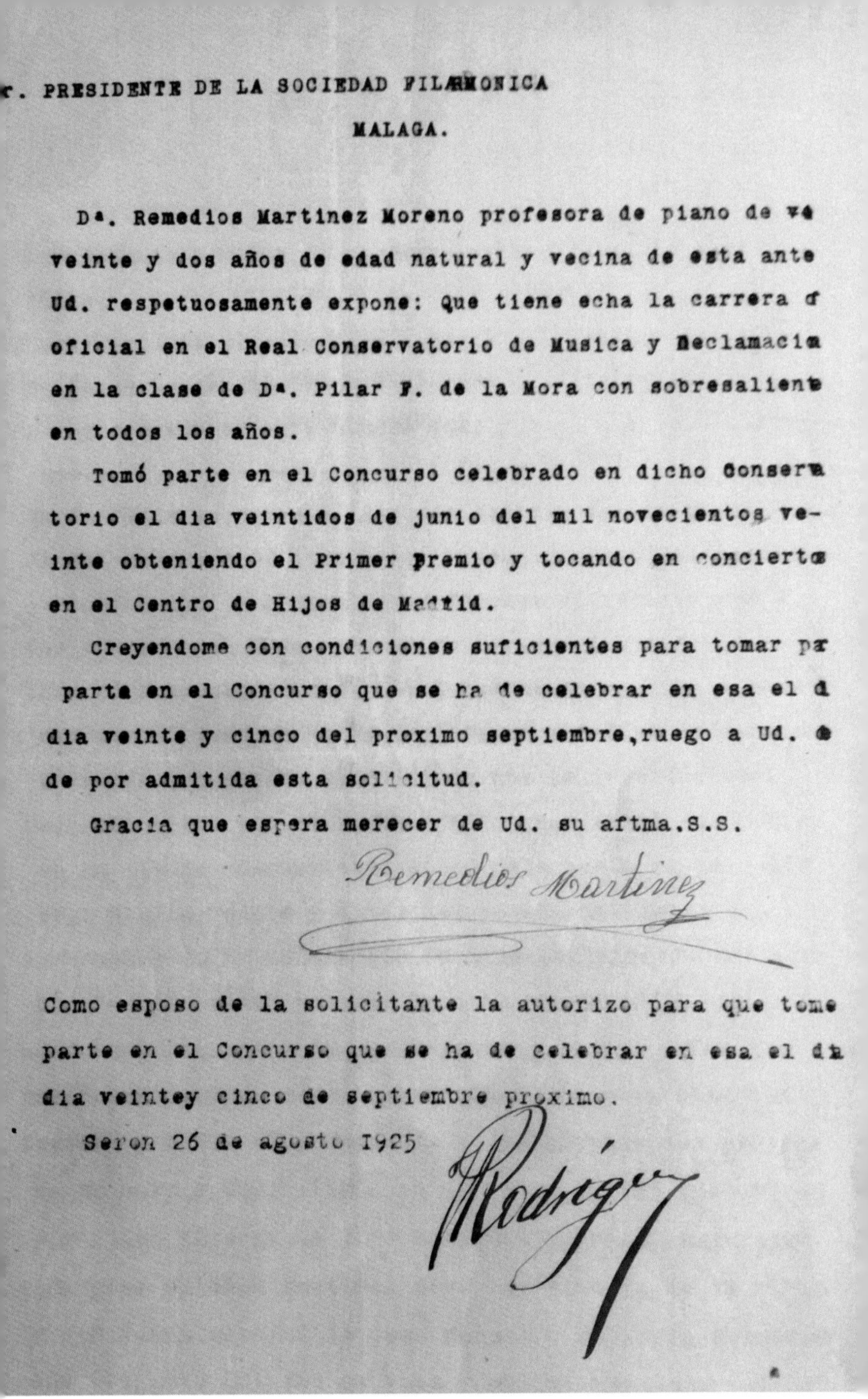

r. PRESIDENTE DE LA SOCIEDAD FILARMONICA

MALAGA.

Dª. Remedios Martinez Moreno profesora de piano de ve
veinte y dos años de edad natural y vecina de esta ante
Ud. respetuosamente expone: Que tiene echa la carrera d
oficial en el Real Conservatorio de Musica y Declamaciœ
en la clase de Dª. Pilar F. de la Mora con sobresaliente
en todos los años.

Tomó parte en el Concurso celebrado en dicho Conser
torio el dia veintidos de junio del mil novecientos veinte obteniendo el Primer Premio y tocando en conciertœ
en el Centro de Hijos de Madrid.

Creyendome con condiciones suficientes para tomar pa
parte en el Concurso que se ha de celebrar en esa el d
dia veinte y cinco del proximo septiembre,ruego a Ud. œ
de por admitida esta solicitud.

Gracia que espera merecer de Ud. su aftma.S.S.

Remedios Martinez

Como esposo de la solicitante la autorizo para que tome
parte en el Concurso que se ha de celebrar en esa el dʸ
dia veintey cinco de septiembre proximo.

Seron 26 de agosto 1925

Rodrig...

Imagen 53. Solicitud de participación en el "Premio Barranco" (1925).

puesta, los opositores se redujeron a veintiuno, quedando catorce mujeres, de las cuales solo Remedios estaba casada, e hizo constar en la solicitud, además de un breve currículum, la autorización de su marido[288]. Ya había tenido a su primera hija, Matilde (1923) y estaba embarazada de siete meses de Emilio (1925).

Finalmente, dado el número de opositores, se convocaron los ejercicios el viernes 25 a las 15h —obra obligada—, el sábado 26 a la misma hora —obra libre— y finalmente el domingo 27 de septiembre a las 10h para la pieza de lectura a primera vista.

El Jurado estaba presidido por Manuel Fernández Benítez, pianista, Director técnico de la Sociedad Filarmónica y del Real Conservatorio de Música "María Cristina" de Málaga. Como Vocales actuaron profesores del centro: Isabel Boigas de Domínguez, Profesora numeraria de piano, y como secretario Francisco Buzo Moreno —Profesor de solfeo—. También otros profesionales de la música ajenos al centro: Modesto Gracia Francés —Profesor especial de Música de las Escuelas Normales de Málaga[289]— y como suplente Sebastián Cabezas Ramos —Compositor y Músico mayor militar[290]—. Por último, también integraban el tribunal melómanos distinguidos de la ciudad: la Marquesa de Valdecañas —antigua alumna de José Barranco[291]—, Kathe Graemer de Lazárraga —suplente— y Eduardo Soria García[292].

288 REMEDIOS MARTÍNEZ, Solicitud de Participación en el "Premio Barranco". Serón, 26 agosto 1925. AHPMA Caja 74665.

289 "Noticias e informaciones del Ministerio. Escuelas normales", *Suplemento a la escuela moderna*, 6 enero 1923, p. 36.

290 MARÍA PILAR FLORES, *Conservatorio de Málaga: Proceso Pedagógico, Historia y Género*. Tesis Doctoral. Universidad de Málaga, 2016, p. 178.

291 MARQUESA DE VALDECAÑAS, "Sr. Presidente de la Sociedad Filarmónica de Málaga. Presente", Málaga, 23 septiembre 1925. AHPMA Caja 74665.

292 Acta del Jurado de oposiciones al Premio Barranco. Málaga, 27 septiembre 1925. AHPMA Caja 74665.

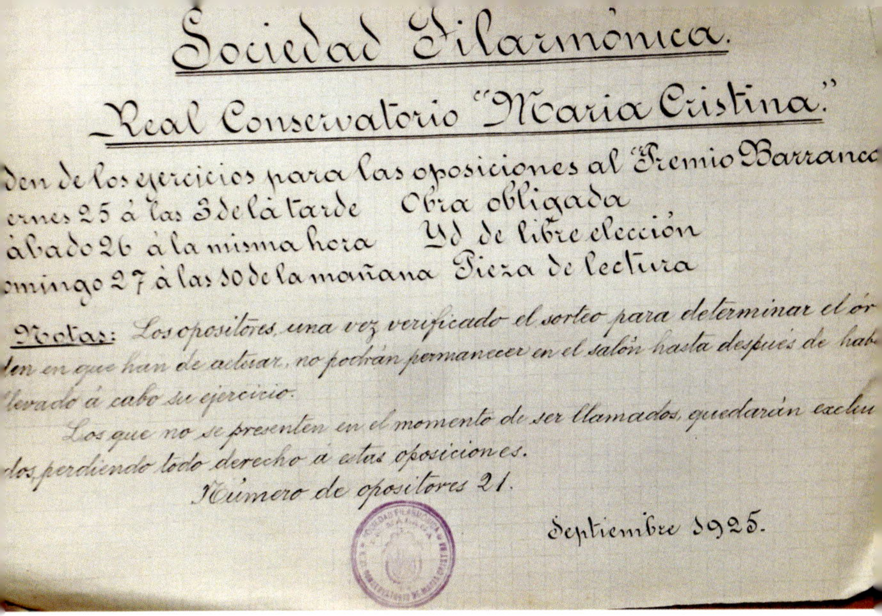

Sociedad Filarmónica.

Real Conservatorio "María Cristina".

den de los ejercicios para las oposiciones al "Premio Barranc

ernes 25 á las 3 de la tarde Obra obligada

ábado 26 á la misma hora Yd de libre elección

omingo 27 á las 10 de la mañana Pieza de lectura

Notas: Los opositores, una vez verificado el sorteo para determinar el ór den en que han de actuar, no podrán permanecer en el salón hasta después de hab llevado á cabo su ejercicio.

Los que no se presenten en el momento de ser llamados, quedarán exclu dos perdiendo todo derecho á estas oposiciones.

Número de opositores 21.

Septiembre 1925.

Imagen 54. Orden de los ejercicios para las oposiciones al Premio Barranco (1925)[295].

El viernes 25 a las 15h tuvo lugar el acto de presentación y el sorteo del orden de actuación para los tres ejercicios, a Remedios le correspondió el número trece[293]. Al no presentarse una de las opositoras, el número de participantes quedó reducido a veinte. A continuación se inició la primera prueba, la interpretación de la obra obligada: las *Variaciones serias* op. 54 de Mendelssohn, una pieza que cinco años antes Remedios había interpretado como obligada al Premio del Conservatorio de Madrid. También el Presidente del Jurado conocía bien la obra, pues apenas unos meses antes la había interpretado en concierto[294].

Al día siguiente la prensa malagueña —que había anunciado en los días anteriores los detalles del concurso— da cuenta del desarrollo de la primera prueba:

---

293 Una relación de participantes por orden de actuación que incluye edad, población y obra de libre elección puede consultarse en el Anexo II.

294 "El concierto del Victoria", *El Telegrama del Rif*, 15 marzo 1925, p. 1.

295 Sociedad Filarmónica. Real Conservatorio «María Cristina». Orden de los ejercicios para las oposiciones al Premio Barranco (1925). AHPMA Caja 74665.

Según estaba anunciado, ayer se celebró, con extremo lucimiento, en la Sociedad Filarmónica, a las tres de la tarde, el primer ejercicio de las oposiciones al Premio Barranco.

Los veinte opositores que acudieron a la liza, pues uno de los inscritos se retiró, interpretaron la composición obligada, no permitiéndonos "el secreto del sumario" decir otra cosa sino que en los ejecutantes se apreciaron condiciones excepcionales, reveladoras de que en Málaga existe un plantel de pianistas, alguno de los cuales, si perseveran en el estudio del instrumento llegarán a sentarse en la cúspide del arte como resultado de la propia lucha, hemos de ocuparnos a su debido tiempo, por hoy solo diremos que la numerosa concurrencia salió muy complacida del difícil ejercicio[296].

Esa misma tarde comenzó la segunda prueba, la interpretación de una obra de libre elección. Esta sesión "más animada", según la prensa, "permitiría al selecto auditorio saborear una variada literatura pianística, en la que había para todos los gustos"[297]. Siete aspirantes interpretaron obras de Franz Liszt: Rapsodias húngaras n°s 5, 11 (2), 12 y 13, y los estudios "La Campanella" y "Un Sospiro". Las sonatas más "famosas" de Beethoven fueron elegidas por cinco aspirantes: n°s 8 "Patética", 14 "Claro de Luna" y 23 "Appasionatta" (3). También las Polonesas op. 40 nº 1 "Militar" y la op. 53 "Heroica" (2) de Chopin fueron elegidas por tres concursantes. Otros compositores y obras elegidas individualmente fueron: "Concierto italiano" de Bach, "Marcha Militar" de Schubert —en versión de Tausig—, "Allegro" op. 8 de Schumann y "Sonatina" de Ravel. Remedios interpretó las *Variaciones sobre un tema de Paganini* op. 35 de Johan-

---

296 "Notas musicales. En la Filarmónica. Premio Barranco", *LUM*, 26 septiembre 1925, p. 4.

297 E. DEL P., "Notas musicales. En la Filarmónica. Premio Barranco", *LUM*, 30 septiembre 1925, p. 12.

nes Brahms —"el de la sencillez homérica y mano de obra admirable"—, como aparece en la prensa malagueña[298].

Sencillo con dignidad, natural sin indecencia, sabio sin usar de términos científicos y finalmente el más claro y armonioso de todos los poetas[299].

La tradición literaria encontraba la sencillez de las obras de Homero en las costumbres y la lengua de su época: sin ideas inmodestas, sin términos técnicos, sin sacrificar la verdad y naturalidad por el artificio, pleno de claridad y originalidad tanto en sus expresiones como en sus ideas.

Bien podría aplicarse este concepto de la sencillez homérica no sólo a la obra de Brahms, sino a la interpretación de Remedios, que retomaría sus *Variaciones* —cinco años después del Premio del Conservatorio de Madrid— en otro contexto vital completamente diferente: verdad, naturalidad, claridad y originalidad dominarían su ejecución.

El domingo 27 a las 10 de la mañana se celebró el ejercicio de lectura a primera vista, en el que Remedios ya había deslumbrado a cuantos la escucharon en sus conciertos de presentación en Almería diez años antes. Era una pieza manuscrita breve de veintinueve compases en la que se concentraban algunas dificultades: variedad rítmica, juego polifónico entre ambas manos y alteraciones accidentales con cambios de tonalidad. Nada que ver con la *Cracovienne fantastique* Op. 14 nº 6 de Paderewski o el *Nocturno* op. 9 nº 2 de Chopin que había repentizado en sus recitales en Almería.

Una vez terminado el ejercicio, se reunió el Jurado "deliberando sus componentes con aquella serenidad de juicio que demandaba su alta y justiciera misión". Mientras tanto, "a vista de los lucidísimos ejercicios practicados por

---

298 E. DEL P., "Notas musicales...".
299 "Reflexiones acerca de Homero", *Memorial literario. Biblioteca periódica de Ciencias y Artes*, 10 febrero 1806, pp. 145-150.

Imagen 55. Pieza de lectura a primera vista (cc.1-12). Premio Barranco (1925).[300]

algunos opositores, varios señores socios de la Filarmónica acordaron improvisar un accésit de quinientas pesetas", ampliando así el único premio que establecían las bases.

Tras breves instantes, "minutos mortales", el Secretario dio lectura al fallo del Jurado, sancionado por los miembros del Patronato, por el que se adjudicaba el premio de dos mil pesetas y el piano Sigma "a doña Remedios Martínez Moreno, de Serón (provincia de Almería) y el accésit de quinientas pesetas a la señorita Josefa Bustamante Garcés (sic), de Granada". Tras proclamar la independencia del Jurado, fortalecida por los miembros del Patronato, la reseña destaca la interpretación de Remedios:

> Como detalles complementarios a este trabajo diremos que la señora Martínez Moreno, así en la obra obligada como en la de su elección, que fue "Variaciones" de Brahms —el de la sencillez homérica y mano de obra (workmanship) admirable—, estuvo magistral, acusando su labor dominio del instrumento, mecanismo sorprendente, seguridad absoluta y conocimiento de los resortes para producir impresiones de color delicado[301].

El periodista no duda en calificar la interpretación de Remedios como magistral, destacando su dominio del instrumento: mecanismo sorprendente, seguridad absoluta y conocimiento de sus posibilidades tímbricas y expresivas.

Fueron unas oposiciones "muy reñidas", con concursantes de muy alto nivel. Josefa Bustamante (1907-1997), la ganadora del improvisado accésit de quinientas pesetas, contaba entonces con diecisiete años y estaba terminando brillantemente sus estudios de piano en Madrid con Pilar F. de la Mora, obteniendo unos meses después el Premio

---

300 Pieza de lectura a primera vista. Premio Barranco (1925). AHPMA Caja 74665.

301 E. DEL P., "Notas musicales..."

del Conservatorio[302]. En el Premio Barranco interpretó como obra de libre elección el primer movimiento de la *Sonata nº 23* op. 57 de Beethoven, la "Appasionatta", y el mismo periodista reseña:

> También la señorita Bustamante Garcés (sic) se mostró feliz en la versión de las «Variaciones serias» de Mendelssohn, y en la «Sonata en fa» de Beethoven —¡heroica brilla su soberbia testa!— aunque de esta última obra solo interpretó el primer tiempo, haciendo vibrar con energía el tema característico del «Allegro Assai»[303].

Además, el acta del Jurado hacía constar el alto nivel de numerosos concursantes:

> Otro sí que dicen: que se feliciten especialmente, por la brillantez con que han realizado sus ejercicios a los opositores, Señoritas María Manuela Oniga Charlo, María del Carmen Oniga Charlo, Candelaria Malpartida Astor, D. Manuel Pitto Santa Olalla, D. José Muñoz Molleda, D. Pedro Megías Martínez, D. Jorge Lindell Fernández y D. Ricardo Ansaldo Sevillano; con lo cual dan por terminada la misión que les fue conferida[304].

> Para enaltecer el primer premio instituido por la
> FUNDACIÓN BARRANCO
> la casa JUAN LÓPEZ – MÁLAGA
> donó este piano marca Sigma que fue adjudicado
> en público certamen en la Sociedad Filarmónica
> el 27 de Septiembre de 1925 a
> Doña Remedios Martínez Moreno

---

302 "Informaciones y noticias musicales. Los concursos del Conservatorio", *ABC*, 8 de julio de 1926, p. 29.

303 E. DEL P., "Notas musicales..." Por error aparece como segundo apellido "Carcés" en lugar de "Garés".

304 Sociedad Filarmónica de Málaga. Real Conservatorio de Música "María Cristina". Acta del Jurado de Oposiciones al "Premio Barranco". AHPMA Caja 74665. Málaga, 27 septiembre 1925, p. 2.

FUNDACIÓN BARRANCO

El Patronato de esta Fundación, constituido por la Junta Directiva de la

Sociedad Filarmónica

y Real Conservatorio de Música "María Cristina„ de Málaga,

concedió, con arreglo a los preceptos de su Estatuto, el

Premio Barranco

a la Señora Doña Remedios Martínez Moreno.

Y para que conste se extiende el presente DIPLOMA en Málaga a 27 de Septiembre de 1925.

V.º B.º
El Presidente,

El Secretario,

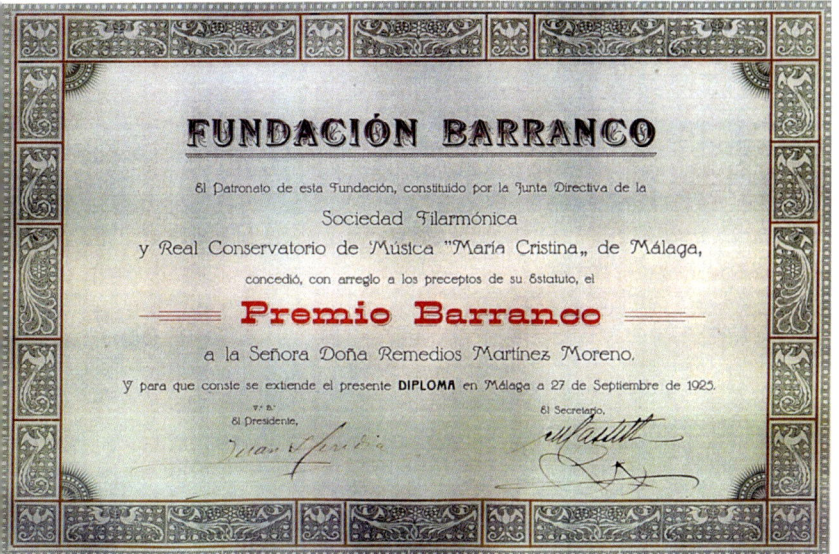

Imagen 56. Diploma del Premio Barranco.

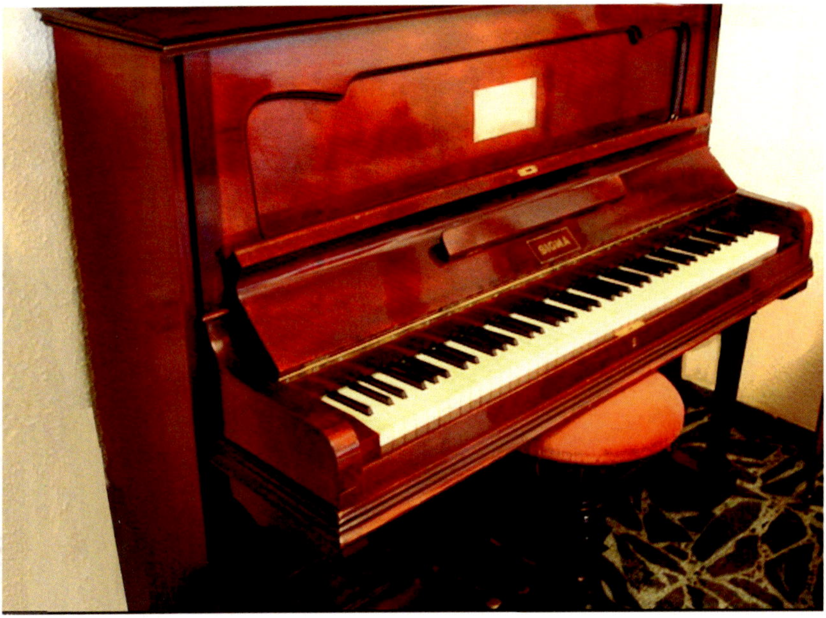

Imagen 57. Piano SIGMA con placa conmemorativa.

Cinco años después del Premio del Conservatorio, con veintidós años, casada, con una hija y otro en camino, Remedios sigue asombrando a tribunales, público y prensa. No ha dejado de estudiar y avanzar, culminando con éxito la transición de la niña prodigio a la genia adulta. En septiembre de 1925 gana la oposición al Premio Barranco a otros diecinueve participantes con una sencillez homérica:

Imagen 58. *Mundo Gráfico*, 20 enero 1926, p. 19.

DOÑA REMEDIOS MARTI-NEZ MORENO
Notable pianista almeriense, que en reciente concurso ha obtenido el premio de la fundación Barranco Fot. Avilés

166

Sencilla con dignidad, natural sin indecencia, sabia sin usar de términos científicos y finalmente la más clara y armoniosa de todas los pianistas[305].

Unos meses después, Remedios vuelve a ser noticia en la sección de "Asuntos varios de actualidad" que publica la revista *Mundo Gráfico* en Madrid.

Imagen 59.
Remedios Martínez
c. 1925. Fot. Avilés
(Baza).

Esta misma foto, realizada en el estudio de Antonio Avilés en Baza (Granada)[306], aparece en el primer y único diccionario de músicos andaluces publicado hasta la actualidad. Indudablemente, su éxito en el Premio Barranco y la repercusión que había tenido en la prensa, le llevó a ser incluida en la *Galería de músicos andaluces*, publicada en La Habana en 1927, donde también se destaca que "obtuvo el gran premio de piano de la Fundación Barranco tras reñidas oposiciones" en 1925[307].

---

305 Paráfrasis de «Reflexiones acerca de Homero», op. cit.

306 "Avilés, Antonio (1886-1945)", *Academiacolecciones* En: https://www.academiacolecciones.com/fotografias/inventario.php?id=F-0608 (Fecha de consulta: 30 abril 2024).

307 FRANCISCO CUENCA, "Martínez Moreno (Remedios)...".

Serón: un piano en el balcón

A la vuelta de Málaga, el nuevo piano ganado en el Premio Barranco ocupó un lugar privilegiado en el salón de la primera planta de la casa familiar en la Calle Real —Plaza de Enmedio— de Serón, pues Remedios no dejó nunca de tocar.

Su segundo hijo, Emilio, nacería justo a los dos meses de proclamarse ganadora del Premio Barranco, el 27 de noviembre de 1925. Sin embargo, cuando aún no contaba siete meses —el 23 de junio—, falleció debido a una gastroenteritis[308]. A partir de entonces, el cuidado de seis hijos y el trabajo del almacén de jamones —se encargaba de la compra y venta mientras su marido estaba de viaje— ocuparon una gran parte del tiempo de Remedios. Así, en la cédula personal expedida en enero de 1932, aparece como profesión "sl" (sus labores), en lugar de Profesora de Piano[309].

La intensa conflictividad social durante la Guerra Civil en Serón, llevó a la familia a recluirse en el Cortijo Rodríguez,

---

308 *Acta de nacimiento nº 102. Emilio Rodríguez Martínez.* Tomo 47 p. 52. RCS, 30 noviembre 1925; *Acta de defunción nº 226. Emilio Rodríguez Martínez.* Tomo 34 p. 115. RCS, 24 junio 1926.

309 Cédula Personal. Diputación Provincial de Almería. Ayuntamiento de Serón. Nº 252. Dª Remedios Martínez Moreno. Serón, 10 enero 1932. ARM. En la memoria de los que la conocieron queda la imagen de una mujer de una gran presencia física, robusta y con un manojo de llaves siempre atado a la cintura. ANA MARÍA CANO, comunicación personal, Almería, 29 abril 2024.

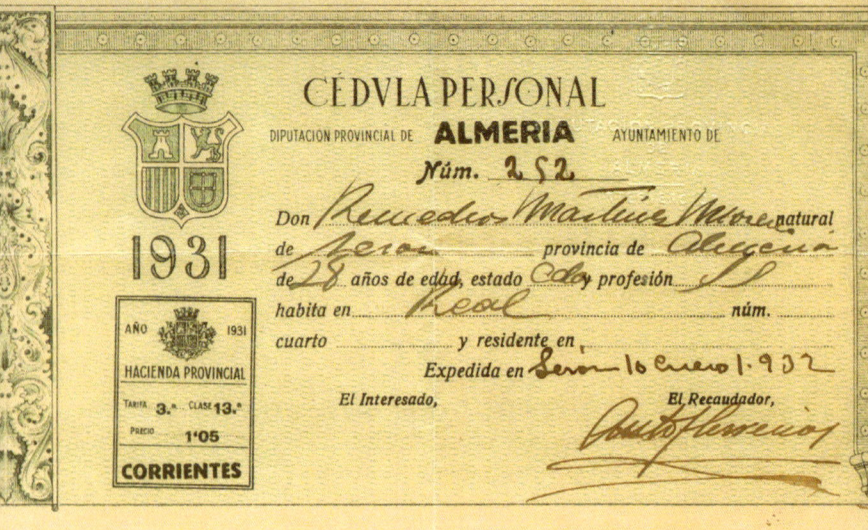

Imagen 60. Cédula personal de Remedios Martínez. Serón 1932

situado en los Llanos de Pajares, a unos diez kilómetros de Serón. Hasta allí trasladaron en un carro —trabajosamente por un camino agreste— uno de los pianos de la casa familiar que siguió sonando durante los años de la contienda[310].

Imagen 61. La familia Rodríguez Martínez en Serón hacia 1945.

---

310 JUAN TORREBLANCA, *La memoria silenciada...*; REMEDIOS RODRÍGUEZ, Comunicación personal, Almería, 22 mayo 2024.

170

Ya de vuelta al pueblo en los años cuarenta, a pesar de sus ocupaciones, Remedios continuaba estudiando, dando ocasionalmente alguna clase de piano a las vecinas o tocando en ocasiones especiales —cuando venían invitados o se organizaban bailes—. Además, tocaba el armonio en la iglesia, instrumento de pedales con sonido de órgano que no le gustaba demasiado:

> Por aquella época estaba de Párroco en el pueblo D. Alejo Muñoz, un hombre cultísimo y adelantado al Concilio. Él adoraba a la pianista —como tantísima gente—. No todos los años, pero cuando se estrenó en Serón la misa cantada *Pastorela*, subieron al coro —por una difícil escalera— un piano, para que fuera Dª Remedios quien tocara. En Nochebuena poca gente, a pesar de los nevazos, se quedaba sin Misa del Gallo; pero aquel año fue todo un acontecimiento[311].

En el Archivo Parroquial de Serón se conserva una *Misa de Pastorela* de Remigio Calahorra (1833-1890) que tiene la firma y el sello del "Sr Director de la Banda Municipal de Serón", Antonio Plaza Herrerías, que también dirigía los coros y los músicos en la Iglesia[312].

¿Qué hace esta pianista aquí?: José Antonio Torreblanca

José Antonio Pérez Torreblanca (1911-1968) nace en Serón y cursa estudios de Bachiller en Granada. Después se traslada a la *Universidad María Cristina* de El Escorial donde realizaría la licenciatura de Derecho. Ya entonces muestra interés por el periodismo, dirigiendo la revista de alumnos, *Ensayos*[313].

---

311 MARINA CANO, *Mis recuerdos ...*, p. 32.
312 R[EMIGIO] CALAHORRA, *Misa de Pastorela*. Ms. APS.
313 "Premio 'Alfredo García, Adeflor'. Al encuentro del alma perdida", *GP*, 4 enero 1952, p. 7.

En 1936 gana la oposición al cuerpo de judicatura[314] y desempeña el puesto de Juez de primera instancia en Benavente (Valladolid, 1940)[315] y en el Juzgado Municipal número 21 de Madrid (1947)[316]. En 1962 es nombrado Magistrado de la Audiencia territorial de Madrid. Sin embargo, desde 1944 "no juzga", como él mismo aclara, pues ocupa en Madrid el puesto de Secretario Técnico de la Subdirección General de Libertad Vigilada[317], y en 1962 el de Secretario de la Inspección Delegada de la Inspección Central de Tribunales[318].

Esta carrera jurídica la compatibiliza con su gran pasión, el periodismo. Desde 1940 publica artículos en los diarios *Baleares* y *Proa*, labor que continúa en las décadas siguientes en *Pueblo, Gaceta de la Prensa, Informaciones, El Español* y como destacado colaborador de *ABC*[319]. De hecho, el propio Torreblanca en una entrevista declara que "se quitó el Pérez porque su firma hacía línea y media de la columna estrecha de *ABC*"[320]. En sus primeros años como periodista dirige el periódico valenciano *La Jornada* y es también subdirector de *La Hoja del Lunes* (1941-3)[321].

Como articulista gana diversos concursos periodísticos como el Premio Luca de Tena (1942), el Premio Nacional de Periodismo (1948), Premio "Alfredo García, Adeflor"

314 "Oposiciones y concursos", *El Debate*, 20 febrero 1936, p. 8.

315 "Nuevo Juez de Benavente", *Heraldo de Zamora*, 4 noviembre 1940, p. 2.

316 "Jueces Municipales para Madrid", *HL*, 21 abril 1947, p. 3.

317 "Boletín oficial del Estado. Se crea la Secretaría Técnica de la Subdirección General de Libertad Vigilada", *El Adelanto*, 12 febrero 1944, p. 4.

318 "Decreto 438/ 1962 de 1 de marzo por el que se nombra Magistrado de la Audiencia Territorial de Madrid a don José Antonio Pérez Torreblanca. Magistrado de ascenso", *BOE* nº 59, 9 marzo 1962, p. 3297.

319 "Hoy comienza en Torrelavega la Gran Jornada de las Ciencias, las Artes y las Letras", *HL*, 8 octubre 1956, p. 4.

320 MANUEL DEL ARCO, "Mano a mano, José Antonio Torreblanca", *La Vanguardia*, 4 abril 1961, p. 12.

321 "Movimiento de personal", *GP*, 1 septiembre 1943, p. 244.

Imagen 62. José Antonio Torreblanca en TVE (c. 1960).

(1952) o el Premio "Málaga y la Costa del Sol" (1961)[322], entre otros, lo que le lleva a recibir la Encomienda de número de la orden de Isabel la Católica:

El estilo literario culto y popular de don José Antonio Pérez Torreblanca es habitual a nuestros lectores del 'Paralelo 40'. La Encomienda de número de la Orden de Isabel la Católica viene a refrendar con justicia sus méritos indudables. Magistrado, ilustre jurisconsulto y agudo escritor que sabe, a través del artículo efímero, enjuiciar la actualidad y darle en sus comentarios, aparentemente leves, perspectiva y profundidad, su actividad desbordante se orientó desde hace meses hacia la televisión, donde también está dejando constancia de su valía profesional[323].

322 "Los Premios Mariano de Cavia y Luca de Tena 1942", *HL*, 5 julio 1943, p. 4; "Concesión de los premios 'Francisco Franco' y 'José Antonio Primo de Rivera' 1949", *La Prensa*, 3 enero 1950, p. 1; "Premio "Alfredo García, Adeflor". Al encuentro del alma perdida", *GP*, 1 abril 1952, p. 7; "Concursos resueltos. Periodismo. Pérez Torreblanca, primer premio de artículos sobre Málaga y la Costa del Sol", *GP*, 1 marzo 1961, p. 127.

323 "Concesión de condecoraciones en el día de la victoria", *Pueblo*, 1 abril 1959, p. 10.

Imagen 63. Galería de televisión por Dávila (1963).

GALERIA DE TELEVISION, por Dávila.—El
Televisión Española; Chumy-Chumez, dibujante
que fué protagonista de "Familia honorable no
de "Las enfermeras", y Ennio Sanglust

Su relación con los medios audiovisuales se inicia
como Director de Radio Nacional de España (1943)[324] y,
ya en 1958 lo encontramos como comentarista de TVE,
primero dentro del *Telediario*, y en los años siguientes con
programas propios como *Así es el mundo* (1960), *Visitas a
puerta abierta* (1961), *Comentarios de actualidad* (1963)
y *Viajes sin pasaporte* (1964)[325]. "José Antonio Torreblanca
posee el don de la TV" —llega a afirmar la crítica—, ala-

324 "Nuevo Director de Radio Nacional de España", *Pensamiento Alavés*, 16
junio 1943, p. 1.
325 "Cartelera de espectáculos. Programa de T.V.E.", *Pueblo*, 24 noviembre
1958, p. 19; 17 febrero 1960, p. 19; 13 junio 1961, p. 15; "Comentarios
de actualidad", *El Español*, 29 junio 1963, p. 2; "Díganos Vd. algo. D. José
Antonio Torreblanca", *Baleares*, 28 enero 1964, p. 3.

174

tor José Antonio Torreblanca, comentarista de
nista de "La tortuga perezosa"; Milagros Leal,
entra piso"; Josefina Jartín, una de las actrices
a hoy actúa en "Los amigos del lunes"

bando su palabra certera, agudeza de pensamiento, dinamismo y sencillez a la hora de comunicar[326]. Se convierte así en un personaje popular de la televisión, que aparece caricaturizado en la "Galería de Televisión" junto al dibujante y guionista Chumy-Chúmez, actrices y actores de la pantalla pequeña[327].

Desde los inicios de los años cuarenta ya era un personaje conocido en Madrid, y aparece relacionado con la

---

326 VIRIATO, "Crítica semanal", *Hoja del Lunes*, 13 marzo 1961, p. 6; DIEGO RAMÍREZ, "La pantalla pequeña 7. A cada cual...", *Hoja del Lunes*, 27 septiembre 1963, p. 21.

327 "Galería de Televisión por Dávila", *Hoja del Lunes*, 30 septiembre 1963, p. 3.

tertulia *Musa Musae*, donde se reunían poetas, ensayistas, periodistas y amigos ocasionales justificando oficialmente una nueva época cultural tras la reciente Guerra Civil: Manuel Machado, José María Cossío, Luis Rosales, Ignacio Zuloaga... hasta casi cien componentes[328]. En los años cincuenta entra de la mano del escritor César González-Ruano en el plantel de colaboradores del periódico *La Tarde*, junto a Camilo José Cela, Gerardo Diego, Concha Espina y Edgar Neville, entre otros:

> Para mí, personalmente, la revelación de *La Tarde* fue Torreblanca, a quien no conocí ni personal ni literariamente hasta entonces. Las crónicas de José Antonio Torreblanca me descubrían un escritor lleno de perfecciones, de elegancias y de finísimos y originales pensamientos. Me pareció de lo más completo, de lo más rico de esta generación posterior a la mía, y en cuanto a lo que era la crónica literaria, tal vez el más logrado y maduro en ese dificilísimo soneto de la prosa que es la crónica corta.
>
> Cuando le conocí, su personalidad humana no me pareció menos importante. Dotado de una evidente simpatía, de una conversación atrayente, Torreblanca descubría algo así como una ternura enteriza[329].

Por esos años Torreblanca asiste regularmente a la tertulia del Café Gijón junto a Camilo José Cela, Luis Aldecoa o Jardiel Poncela, y de ahí nacen también colaboraciones como guionista cinematográfico en películas como *Mi hija Verónica* (1950), *Catalina de Inglaterra* (1951), *El Gran Galeoto* (1951), *Barco sin rumbo* (1952) y *El cerco del diablo*

---

328 MARIA ANTONIA REINARES, "Leopoldo Panero antes y después de la cárcel de San Marcos", *Argutorio*, nº 26 (2011), pp. 17-23; FEDERICO UTRERA, "La academia poética *Musa Musae*", *Castilla. Estudios de Literatura*, 3 (2012), pp. 229-248.

329 CESAR GONZÁLEZ-RUANO, *Memorias: mi medio siglo se confiesa a medias*, Madrid, Tebas, 1954, p. 573.

(1950-2), esta última una película experimental por episodios en la que colabora como guionista junto a Camilo José Cela o Gonzalo Torrente-Ballester[330].

El hijo del tío José Antonio

Torreblanca nació en la Plaza de Enmedio, hijo de José Antonio Pérez Domene (el tío José Antonio) y de María Torreblanca, los panaderos del pueblo[331]. Su familia tenía gran relación con Enrique Martínez (el tío Enriquillo), que vivía muy próximo en la calle Real.

Como escritor, Torreblanca reivindica esta vida de pueblo con una serie de artículos que titula "Escritos del tío de los burros", e incluso refleja en una de sus crónicas la pérdida de la denominación genérica "tía" en Granada, quedando reducida a los núcleos rurales:

"Tía", ya, no. Este pueblo de vida actual, inquietantemente mejorada, pero de intravida antigua, va alejando el perímetro urbano de la "tía" a las cuevas por encima del Barranco del Abogado. De allá, campo adentro, a pueblos y cortijadas. En una mano el rosario y en la otra el "ingüento", "tía" es abuela de "señás", de "doñas" y aún de "excelentísimos señores". Porque ella, como España total, tiene mucho de parra, que la pone usted joven y el tiempo la hace vieja y sus uvas saben siempre como en el Lazarillo[332].

---

330 "El cerco del diablo", *La Abadía de Berzano*, 13 enero 2023, En: https://cerebrin.wordpress.com/2023/01/13/el-cerco-del-diablo/ (Fecha de consulta: 2 mayo 2024).

331 ANTONIO TORRES, "José Antonio Pérez Torreblanca", *Diccionario Biográfico de Almería*. En: https://www.iealmerienses.es/Servicios/IEA/edba.nsf/xlecturabiografias.xsp?ref=410 (Fecha de consulta: 1 mayo 2024)

332 JOSÉ ANTONIO TORREBLANCA, "Escritos del tío de los burros. Doña, 'Señá', tía", *Pueblo*, 28 febrero 1959, p. 21.

No pierde su relación con el pueblo, al que volvía todos los veranos, ni con Remedios y su marido, que vivían al otro lado de la plaza[333]:

> Los veranos eran una gozada, se abrían los balcones, se iluminaba el salón y "la pianista" tocaba... Ellos tenían invitados casi siempre. La "plaza del pescao" se iba llenando de gentes —y las gentes se callaban— había un silencio sepulcral (...) La pianista no solo tocaba para sus invitados... ella sabía que los que había abajo también lo merecían, y nos hacía el gran regalo[334].

Frecuentemente, los invitados venían de Madrid con José Antonio Torreblanca[335], y cuándo escuchaban tocar a Remedios preguntaban... pero ¿qué hace esta pianista aquí?

El escritor valora este ambiente de las ciudades de provincias y se queja: "¡Pero ya no hay pianos!" en un artículo dedicado "a Pepe Cubiles"[336], una elegía a los "mudos, machacados pianos de las ciudades provincianas":

> Se siente por dentro cómo al mundo le retiñen a lata los herrajes del piano, y el golpe seco de la tapa sobre el teclado es inequívocamente el adiós funeral de una cultura que ha llenado de suspiros, de fermatas, de lazos y de fina violetería el aire de dos siglos.
>
> Ya está. Cuando hace treinta años empezaron a saltárseles los bordones a los pianos de la burguesía ni si-

---

333 Remedios, una vez huérfana, salió de casa del tío José Antonio para contraer matrimonio. Torreblanca fue el padrino del tercer hijo de Remedios, José, nacido en 1931. REMEDIOS MARTÍNEZ, comunicación personal, Almería, 22 marzo 2024. En el ARM se conservan cartas escritas por Torreblanca a la familia fechadas en Madrid, 19 marzo 1948 y 7 julio 1952.

334 MARINA CANO, *Mis recuerdos...*, p. 29.

335 En agosto de 1949 Torreblanca y González-Ruano fueron premiados en los Juegos Florales de Almería. *Yugo*, 28 agosto 1949, p.1.

336 JOSÉ ANTONIO TORREBLANCA, "¡Pero ya no hay pianos!", *Pueblo*, 11 noviembre 1944, p. 4.

quiera los más feroces anarquistas vaticinaron para tan pronto el aniquilamiento de esos últimos pianos de los pueblos, que prolongaban en la medianoche del huerto la luz verde de la pantalla y la melodía vienesa de una vieja sonatina (...) cuyos pianos enlazaban sin descanso el "Tire Ninette" de aquel París con algo de "la montería" y un vago sabor de "Nocturnos" de Chopin.

Lamenta Torreblanca la pérdida de la cultura pianística de los pueblos, y por encima de compositores, sitúa a las mujeres pianistas:

(...) lo más conmovedor de su esforzada carrera no ha corrido a cargo de los grandes maestros creadores, sino de las generaciones de muchachas que han estado musicalmente atornilladas doscientos años en su gabinete con el vástago del taburete. La gran victoria musical para el genio del hombre moderno ha consistido en crear a solas, con los diez dedos de sus manos, orbes infinitos de amargas y rutilantes sonoridades poéticas (...) Liszt, con la estrella del beso de Beethoven en su frente, y Chopin (...) son los héroes solitarios de un mundo que sueña en Robinsón. Pero donde ellos acaban empieza la epopeya de las señoritas. El contraveneno pedagógico de la ñoñería es: virtud y virtuosismo. Los atardeceres de Europa se llenan de ejercicios de posición fija. El genio latente de unos artesanos prodigiosos, Clementi, Dussek, Czerny, penetra en los gabinetes de la clase media para "enseñar suspirando" (...) Hay legiones de padres que se aniquilan abajo, en la tienda, sólo para que sus hijas aprendan con doña Presentación el modo de andar en la noche los caminos maravillosos de Schumann.

Indudablemente, en su valoración de las mujeres pianistas influyen sus vivencias con Remedios desde la infancia, que también comentaba en sus círculos madrileños:

Cubiles y Lucas Moreno, que fueron compañeros de Remedios Martínez, recuerdan aún con admiración a aquella chica seronense que en plena adolescencia sorprendía y arrebataba a todos con su perfecto mecanismo, su increíble memoria y estupendo sentido musical. Eran singularmente deliciosas sus interpretaciones de Chopin. Nadie dudaba entonces que nuestra paisana tenía en sus manos el talismán de la gloria[337].

A través de Cubiles y Lucas Moreno, antiguos alumnos de Pilar F. de la Mora, profesores del Conservatorio de Madrid y asiduos a los círculos artísticos madrileños, pudo saber Torreblanca que "la Mora tuvo una gran contrariedad cuando supo que Remedios Martínez abandonaba en plena juventud su carrera de éxitos".

Así, de un plumazo, retrata esa añorada cultura pianística de Serón, a la vez que nos esboza la personalidad de Remedios:

Desde entonces, como inspirada por una rara y bellísima generosidad, Remedios Martínez dedicó sus audiciones a la gente sencilla de Serón. Muchas madrugadas, los campesinos, los artesanos y mineros permanecían en vela escuchando, en religioso silencio, las interpretaciones de la gran pianista, "para ellos solos", tan lejos de las grandes salas que inútilmente la esperaban. Tenían el orgullo de "su pianista" y le agradecían sin palabras aquel regalo espléndido a costa de la propia gloria. Y adoraban en ella, además, su llaneza, su simpatía, un gran señorío espiritual y un gran talento para todas las cosas de la vida.

La despedida a la pianista fue un acto solemne y multitudinario, presidido por D. Alejo, el "Maestro Música" y la Banda:

---

337 [JOSÉ ANTONIO TORREBLANCA], "Necrológica. La pianista Remedios Martínez", *Yugo*, 24 enero 1950, p. 3. Reproducido en Anexo VII.

Imagen 64. Remedios Martínez en 1949.

Serón ha llorado la muerte de su artista en una de las manifestaciones de duelo más impresionantes que se recuerdan. Joven todavía, a los cuarenta y seis años, Remedios Martínez deja mudo para siempre aquel teclado cuyas bellezas quiso entregar solo a los humildes de su pueblo natal.

Apenas dos meses después, José Rodríguez presenta una solicitud al Ayuntamiento "en súplica de que le sea concedido un trozo de terreno en el cementerio de la localidad con la intención de construir un panteón"[338] para que no le lloviera[339].

338 Sesión ordinaria, 30 marzo 1950. AMS, LAAS 1957-65, fols. 34r-34v.
339 REMEDIOS MARTÍNEZ, Comunicación personal, Almería, 22 marzo 2024.

Los futuros de Remedios

Pianistas: mujeres invisibles

En las primeras décadas del siglo XX la educación musical decimonónica de adorno dio paso a una incipiente profesionalización de las mujeres, que desafía los límites impuestos a su educación y actividad laboral[340]. Así, Remedios Martínez coincide con un gran número de mujeres en distintas etapas de su trayectoria: niñas prodigio, estudiantes brillantes, premios del Conservatorio, concursantes al Premio Barranco...

Todas comparten las dificultades de desarrollo profesional y el peso de una sociedad que invisibiliza a las mujeres social y laboralmente[341]. De hecho, apenas queda rastro de ellas en documentación oficial o administrativa, y desaparecen también de la prensa, una vez terminan su formación y primeros conciertos, cuando —en su mayoría— el sistema social las absorbe mediante el matrimonio.

En el caso de las cantantes, aunque sufren estas mismas dificultades, la necesidad de roles femeninos en la ópera y la zarzuela parecía allanar el camino para que se mantu-

---

340 HELENA MARTÍNEZ, *Entre el adorno y la profesionalización: música y mujeres en la Granada de inicios del siglo XX*. Almería, IEA, 2022.

341 CARLOS BLANCO, "La profesionalización musical de las mujeres en La Rioja en el siglo XX. La pianista Estrella Sacristán como modelo de género a través de la crítica musical", *Berceo* nº 183 (2022), pp. 167-192.

vieran visibles en escena. Como la soprano tijoleña Fidela Campiña (1897-1983), que tiene una trayectoria vital llena de éxitos, si bien escapa de los roles de esposa y madre impuestos por la sociedad[342].

Las pianistas, en cambio, no eran imprescindibles, salvo para enseñar a las señoritas en instituciones docentes que —con algunas excepciones— aún segregaban por género[343]. Así, mientras como pianistas estudiantes encontramos fundamentalmente mujeres, en la esfera pública (conciertos, centros de enseñanza, sociedades, tertulias, cafés, prensa...) las pianistas se convierten en mujeres invisibles.

Las breves historias que siguen, recuperadas a través de la prensa —fundamentalmente—, tratan de visibilizar a estas pianistas que coincidieron en distintas etapas de su trayectoria, dibujando "los futuros de Remedios".

Leonor Pereira (n. 1906)

Leonor [Norita] Pereira fue también una niña prodigio que estudió con Pilar Fernández de la Mora en 1914, cuando Remedios terminaba la carrera de piano en Madrid.

Nacida en Santiago de Compostela en 1906[344], realiza su presentación en la Sociedad Económica de su ciudad con siete años en el verano de 1913, ofreciendo recitales en La Coruña, El Ferrol, Lugo y Pontevedra[345]. En esta última ciu-

---

342 JUAN TORREBLANCA, *Fidela Campiña: una diva para la eternidad.* Almería, Diputación, 2017.

343 Así se contemplaba ya en el primer Reglamento del Conservatorio de Madrid en 1831. HÉLÈNE BÉNARD, "Las profesoras de piano en torno al Conservatorio de María Cristina de Madrid en el Siglo XIX", *Arenal*, vol. 7 nº 2 (2000), pp. 383-420; NIEVES HERNÁNDEZ-ROMERO, *Formación y profesionalización musical de las mujeres en el siglo XIX: el Conservatorio de Madrid.* Madrid, Ayuntamiento de Alcalá de Henares, 2019, p. 28.

344 ANTONIO REIGOSA, "Norita Pereira", *El Progreso*, 29 agosto 2022. En: https://www.elprogreso.es/opinion/antonio-reigosa/norita-pereira/20220829142336159 7233.html (Fecha de consulta: 11/05/2024).

345 "Artistas precoces. Norita Pereira", *El Noroeste*, 28 agosto 1913, p. 1; "El

184

dad tocó en diciembre en el Palacio de Lourizán, residencia de Eugenio Montero Ríos (1832-1914), influyente político y jurista que había sido Presidente del Consejo de Ministros en 1905, que "le ofreció su protección, prometiéndole que haría todo por conseguir que se le concediese una pensión para ampliar sus estudios en Madrid".

Tan sólo un mes después, en enero de 1914, la encontramos en la capital, donde es presentada ante la Reina María Cristina como la "asombrosa pianista de seis años"[346]. En ese afán de construir "niños maravilla", no solo se le quita un año a la edad de su presentación en Galicia, sino que se omite la intervención de cualquier profesor en su formación. Pensionada por la Reina para continuar sus estudios con Pilar Fernández de la Mora, obtiene la nota de sobresaliente en los tres cursos de solfeo y cinco de piano en junio de 1914, y en septiembre completa los exámenes para obtener el título de Profesora Superior de piano[347].

En los años siguientes continúa su formación con Pilar F. de la Mora y ofrece conciertos en el Teatro Princesa, en el Círculo de la Unión Mercantil y en el Teatro de la Zarzuela con gran éxito, destacando la prensa su "sensibilidad y corazón", junto a su aminorada edad[348]. Aún en 1918 aparece como una niña de nueve o diez años, según las fuentes, y tan solo dos años después, la prensa nos ofrece la fotografía de una adolescente al piano[349].

Ferrol. Norita Pereira", *El Noroeste*, 4 septiembre 1913, p. 1; "Decenario gallego. Una pianista de siete años", *DM*, 10 septiembre 1913, p. 4; "Para el concierto de mañana", *El Progreso*, 11 octubre 1913, p. 2; "Pontevedra", *El Progreso*, 18 diciembre 1913, p. 2.

346 "La Reina Cristina y Norita Pereira", *La Publicidad*, 13 enero 1914, p. 2; "Niña prodigio. Norita Pereira", *LCE*, 17 enero 1914, p. 1.

347 "Prodigio musical. Norita Pereira", *LCE*, 22 junio 1914, p. 1; "Una artista precoz", *El Globo*, 12 octubre 1914, p. 2.

348 "Norita Pereira. Función de beneficio", *La Mañana*, 27 mayo 1915, p. 4; "Una gran artista de ocho años. Norita Pereira", *HM*, 16 junio 1916, p. 6; "En La Zarzuela", *El Mundo*, 30 enero 1918, p. 3.

349 "Norita Pereira", *Mundo Gráfico*, 18 diciembre 1918, p. 17; "Norita Perei-

NORITA PEREIRA
Prodigiosa pianista, que en breve dará un concierto
en uno de los principales teatros de Madrid

Imagen 65. Norita Pereira en 1918 y 1920 (Página siguiente).

NORITA PEREIRA
Notabilísima pianista, pensionada por S. M. la Reina
D.ª María Cristina, que acaba de realizar una brillante
excursión por España

En junio de 1921 obtiene el Primer Premio de piano en
el Conservatorio de Madrid, y en los años siguientes continúa apareciendo en la prensa ocasionalmente, ofreciendo
conciertos en Santiago y en Madrid[350]. Como artista reconocida en la capital, participa en febrero de 1922 en una
función a beneficio de los hambrientos de Rusia en el Teatro
del Centro, junto a Rogelio Villar, Conrado del Campo y Joaquín Turina[351].

---

ra", *Mundo Gráfico*, 15 septiembre 1920, 16.

350 "De música. Primeros premios de piano", *LCE*, 8 julio 1921, p. 4; "Norita
Pereira", *El Eco de Santiago*, 11 enero 1922, p. 2.

351 "Se ha celebrado el homenaje a María Guerrero", *La Tribuna*, 25 febrero
1922, p. 4.

A partir de 1922, una joven Leonor Pereira de dieciséis años combina conciertos individuales —en menor medida— con intervenciones en emisiones radiotelefónicas y espectáculos de variedades. A partir de los años veinte se reducen sus conciertos como solista, como el que ofrece en diciembre de 1922 en el Liceo de América en Madrid con un completo y exigente programa de piano en dos partes (Bach, Scarlatti, Liszt, Chopin), con una parte intermedia como cantante. En 1926 interpreta obras de Chopin, Liszt, Debussy y Granados en la *Masa Coral* —asociación musical popular— y en la *Sala Aeolian,* ambos en Madrid, con "gran pericia y sensibilidad artística"[352].

En cuanto a las emisiones radiotelefónicas, participa a partir de julio de 1924 en las primeras programaciones en España[353], donde es anunciada como "la gran pianista y liederista", "Primer Premio del Conservatorio de Madrid, pensionada por S. M. la Reina Cristina". Como pianista toca obras de Chopin —*Fantasía impromptu*, *Berceuse*, *Estudios*—, Liszt —*Campanella*, *Rapsodia* nº 11— y Albéniz —*Asturias*—. Interpretando después canciones de Ledesma —que la acompaña al piano—, Freire, Álvarez, Vives, populares gallegas y el "vals lento" de *La Bohème* de Puccini[354].

Una tercera actividad en la que encontramos a Leonor Pereira durante más años es la participación en espectáculos de variedades y en cafés. Así, en julio de 1922 actúa como "concertista de piano" en un espectáculo de "Cinematógrafo y varietés" en la Terraza del Teatro del Centro en Madrid junto a las cupletistas Carmen de los Ríos, Lida Iris y Amalia de Isaura[355]. Dos años después la encontramos en la

---

352 "Cristeta Goñi y Nora Pereira", *El Universo*, 10 junio 1926, p. 11.

353 GLORIA A. RODRÍGUEZ-LORENZO, "Arte y tecnología: el impacto de la Segunda Revolución Industrial en la vida musical de Madrid (1870-1923)", *Music and the Second Industrial Revolution*, Turnhout, Brepols, 2019, pp. 81-104.

354 "Lo que traen las ondas", *El Imparcial*, [27 julio 1924, p. 8; 15-11-1924, p. 6].

355 "Sección de espectáculos. Terraza del Centro", *LCE*, [22 julio 1922, p. 8; 24

BOLERO-BAR presenta hoy a las 12'45 la gran orquesta **NORA**

ESTRELLITA DIAZ
(Gentil animadora)

NORITA PEREIRA
(Eminente pianista)

Tres conciertos diarios (12,45; 6,15 y 9 tarde) todos los días

Imagen 66. Cartel de Norita Pereira en el Bolero-Bar (Córdoba, c. 1940).

temporada veraniega en el Salón-cine *Luminor* en Azpeitia en un espectáculo de "Cine y varietés" como parte de la troupe madrileña *Kinemarafol*.

Este tipo de espectáculos mezclaban diversas "atracciones". Abría la sesión el director de la troupe, que mostraba "a la concurrencia sus enormes dotes de caricaturista". Seguía Leonor Pereira con un concierto de piano en el que incluía repertorio exigente, ejecutando "admirablemente la *Gran Jota* del maestro Larregla". Después la "notabilísima bailarina Maria Antonieta", con bailes regionales, entre ellos la

---

julio 1922, p. 8; 25 julio 1922, p. 8; 26 julio 1922, p. 8]; *La Libertad*, 27 julio 1922, p. 7; *Ejército y Armada*, 28 julio 1922, p. 3; *Ejército y Armada*, 29 julio 1922, p. 3.

jota. Volvía Leonor, esta vez como cantante acompañándose al piano ella misma, con la popular canción "La Partida" de Álvarez. Y terminaba la sesión con la proyección de "una interesante película tomada en Azpeitia el mismo domingo por la mañana (...) la villa a la salida de misa, la carrera ciclista de Azcoitia y otros interesantísimos aspectos"[356].

A partir de 1926 solo hemos podido localizar su actividad en diversos cafés por toda la geografía española: Salamanca (enero 1929, *Café de Torres*, junto a una violinista); Lugo (diciembre 1929, *Café Nemesio*, dirige el *Trío Pereira* de piano, violín y violonchelo); Burgos (octubre 1930, *Café Candela*, *Orquestina Pereira* junto a Tomás Hernández Carrera -violín y Srta. López Cruces -violonchelo); Madrid (mayo 1934, orquesta de Juan García); Palencia (mayo 1940, *Ideal palentino*, *Trío Olga* junto a cantante y músico de jazz); y Córdoba (c. 1940, *Bolero-bar*, *Orquesta Nora*, junto a Estrellita Díaz -"gentil animadera")[357].

Lutgarda Margañón (1903-1974)

Lutgarda Margañón fue también alumna de Pilar F. de la Mora y ganó el Premio del Conservatorio de Madrid el mismo año que Remedios, en 1920. Rogelio Villar la destacó después de Remedios en su artículo sobre los premios del Conservatorio en la revista *Nuevo Mundo*, incluyendo una fotografía de cada una[358].

---

356 "La 'Voz' en Azpeitia. Cine y Varietés", *La Voz de Guipúzcoa*, 20 de agosto 1924, p. 14.

357 "La mujer artista. Una niña precoz que es hoy una mujer en la plenitud de su arte", *El Adelanto*, 4 enero 1929, p. 4; "Espectáculos. Trío Pereira", *El Progreso*, 18 diciembre 1929, p. 1; "Orquestina Pereira", *Diario de Burgos*, 8 octubre 1930, p. 1; "Ante la crisis del género lírico", *La Nación*, 14 mayo 1934, p. 19; "De espectáculos. Trío Olga en el Ideal Palentino", *El día de Palencia*, 7 mayo 1940, p. 5; PACO MUÑOZ, "El bar bolero", *Notas Cordobesas*, 28 febrero 2019. En: https://www.notascordobesas.com/2019/02/el-bar-bolero.html (Fecha de consulta: 12 mayo 2024).

358 ROGELIO VILLAR, "Los concursos de piano ...". Véase Imagen 40.

Lutgarda Margañón González nace en Castro Urdiales (Santander) en 1903. Pronto se traslada a Cienfuegos (Cuba), donde inicia sus estudios musicales con Pedro Lasanta, director de la Academia de Música[359]. Así, ya en junio de 1915 actúa como solista con orquesta en un concierto de la Academia en el teatro de la ciudad.

Desde sus inicios cuenta también con el apoyo de su padre adoptivo —Celedonio Pelayo —, comerciante y miembro de la colonia española[360]. En junio 1919 es recomendada a Jacinto Benavente —entonces director de la sección de Declamación— para el concurso a premio de piano del Conservatorio de Madrid[361].

Al año siguiente, junto a Remedios, gana el Diploma de primera clase en los concursos del Conservatorio y tiene una gran repercusión en la prensa. Incluso es recibida por la infanta Isabel de Borbón en su palacio, quien "escuchó a la señorita Margañón con verdadera complacencia, y cuando ésta terminó el concierto, felicitó a la aventajada artista y se dignó distinguirla dedicándola cariñosamente su retrato y regalándola una valiosa alhaja"[362].

De vuelta a Cienfuegos es recibida como una celebridad, nombrada hija adoptiva de la ciudad y ofrece varios conciertos. En 1925 había establecido allí una academia de piano con el nombre de "Pilar F. de la Mora" en la casa de Celedonio Pelayo, presentando a examen a treinta alumnas

---

359 "Señorita Lutgarda Margañón", *La Montaña*, 11 septiembre 1920, pp. 1, 19; JUAN G. PUMARIEGA, "Dos semanas en Cienfuegos", *La Marina*, 10 enero 1922, p. 10.

360 "La colonia española de Cienfuegos", *DM*, 21 mayo 1907, p. 5; "De provincias", *DM*, 19 enero 1908, p. 7.

361 "Carta de un diputado a Cortes por Santa Cruz de Tenerife, con firma ilegible, a Jacinto Benavente", 30 junio 1919. Madrid, AHN, signatura: DIVERSOS-GENERAL, 351, N.25.

362 "Una gran pianista. Lutgarda Margañón", *La Acción*, 28 junio 1920, p. 6; "Informaciones de Madrid. Noticias generales", *LCE*, 29 junio 1920, p. 5; "De sociedad", *La Libertad*, 11 julio 1920, p. 6; "Noticias", *El Globo*, 13 julio 1920, p. 3.

LA MONTAÑA

SEÑORITA LUTGARDA MARGAÑON,
discípula de don Pedro Lasanta, de Cienfuegos, y de doña Pilar Fernández de la Peña,
de Madrid, que ha obtenido el más alto premio del Real Conservatorio de Música madrileño, en el Concurso de piano, celebrado en Junio último.

(Véase en el texto el suelto
titulado "Ángel y Genio.")

SEPTIEMBRE 11 DE 1920.

M.E.C.D. 2017

Imagen 67. Lutgarda Margañón en la revista *La Montaña* (1920)

192

con brillantes resultados, siendo muy elogiada por el tribunal por su vocación y dedicación como profesora[363].

En estos años mantiene el contacto con su pueblo natal, donde va de veraneo junto a su tía Herminia Pelayo en 1931. Unos años después, en 1935, vuelve definitivamente a Santander, donde se le adjudica una plaza de "Piano Superior" por Acuerdo del Patronato del Conservatorio provincial de Música. Esta plaza será ratificada en BOE, primero con carácter interino como profesora de Piano del Conservatorio Elemental de Música y Declamación, y en 1947 como Profesora Especial de Piano. En este centro desarrollará toda su labor docente hasta su jubilación, con alumnos destacados —como el compositor Miguel Ángel Samperio— ocupando la dirección del Conservatorio entre 1965 y 1967. Una vez retirada mantiene vinculación con el centro y patrocina los premios finales de estudios —como el que ella ganó en Madrid— que se entregan en la festividad de Santa Cecilia[364].

A partir de 1944 inicia también una actividad concertística, primero en actividades del Conservatorio, como la clausura del curso 1943-44 en el Ateneo, donde interpretó

---

363 "De Cienfuegos. Brillantes exámenes efectuados en la Academia «Pilar F. De la Mora»", *DM*, 28 abril 1925, p. 23.

364 "Castro Urdiales. Siguen llegando veraneantes", *El Cantábrico*, 7 agosto 1931, p. 7; "Diputación Provincial de Santander. Sesión del día 29", *BOPS*, 8 febrero 1935, p. 5; "Ministerio de Educación Nacional. Dirección General de Bellas Artes. Rectificando la Orden de 24 de septiembre último, publicada con error en el BOE, por la que se nombraba al personal docente del Conservatorio Elemental de Música y Declamación de Santander", *BOE* nº 310, 6 noviembre 1943, p. 10718; "Ministerio de Educación Nacional. Orden de 21 de abril de 1947, por la que se reconoce a doña Lutgarda Margañón González el derecho a la propiedad del cargo de Profesora especial de «Piano» del Conservatorio de Música de Santander", BOE nº 171, 20 junio 1947, p. 3478; "Los músicos celebraron ayer la fiesta de su patrona Santa Cecilia", *Hoja del Lunes de Santander*, 23 noviembre 1953, p. 6; "Nuestra Historia", *Conservatorio Jesús de Monasterio*, En: https://conservatoriojesusdemonasterio.es/el-conservatorio/nuestra-historia/el-conservatorio/ (Fecha de consulta: 15 mayo 2024); "Fiesta de Santa Cecilia", 20 noviembre 1972, p. 7.

la *Sonata en sol menor* de Locatelli junto al violinista Emilio Lacarra. Después en 1950 participa en el Teatro Cervantes en el festival de presentación de valores locales. Pero será a partir de 1959 cuando establezca una colaboración estable con el violinista Rodolfo Solinís que se mantendrá hasta su retirada de los escenarios en 1972. Esta actividad tiene como sede fundamental el Ateneo de Santander, pero también ofrecerán conciertos en Oviedo (1961), Burgos (1962) y Alicante (1964), con un extenso repertorio que va desde Vivaldi, Haendel y Mozart, hasta las grandes sonatas para violín y piano de Beethoven, Schubert, Mendelssohn, Brahms, Grieg y Frank. En 1962 fueron destacados por *Ritmo* —la principal revista musical a nivel nacional— como "dos grandes concertistas montañeses que en brillante equipo de colaboración violinístico-pianística vienen triunfando plenamente en constantes jornadas (...) y cuyas versiones estuvieron en la mejor línea interpretativa", incluyendo una fotografía de ambos[365].

A principios de 1965 incorporan otro músico local de gran experiencia, Luis d'Hers (violonchelo), y forman el *Trío Ateneo*, que se convirtió en un habitual de la programación mensual de la entidad hasta el fallecimiento del chelista en 1969. Durante su trayectoria interpretan obras de Haendel, Haydn, Mozart, Beethoven, Hummel y Mendelssohn, colaborando también en actividades culturales del Ateneo,

---

365 "Información musical. Santander", *Ritmo* nº 177, junio 1944, p. 19; "El mundo musical", *Ritmo* nº 225, enero 1950, p. 19; "Ateneo de Santander. Sección de Música", *Hoja del Lunes*, (16 noviembre 1959, p. 8; 20 febrero 1960, p. 2; 9 mayo 1960, p. 2; 23 enero 1961, p. 2); "Concierto", *La Nueva España*, 1 noviembre 1961, p. 19; "Dos artistas montañeses", *Ritmo* nº 330, octubre 1962, p. 21; "Crónicas nacionales. Alicante", Ritmo nº 343, abril 1964, p. 16; "En el Ateneo. Actos para esta semana", *Hoja del Lunes*, 27 abril 1964, p. 10; "Con motivo de la festividad de Santa Cecilia", *Hoja del Lunes*, 17 noviembre 1969, p. 5; "En el Ateneo. Actos para esta semana", *Hoja del Lunes*, (30 marzo 1970, p. 2; 22 noviembre 1971, p. 3); Esteban Vélez, "Crónicas nacionales. Santander", *Ritmo* (nº 408, enero 1971, p. 20; nº 420, abril 1972, p. 22).

DOS ARTISTAS MONTAÑESES

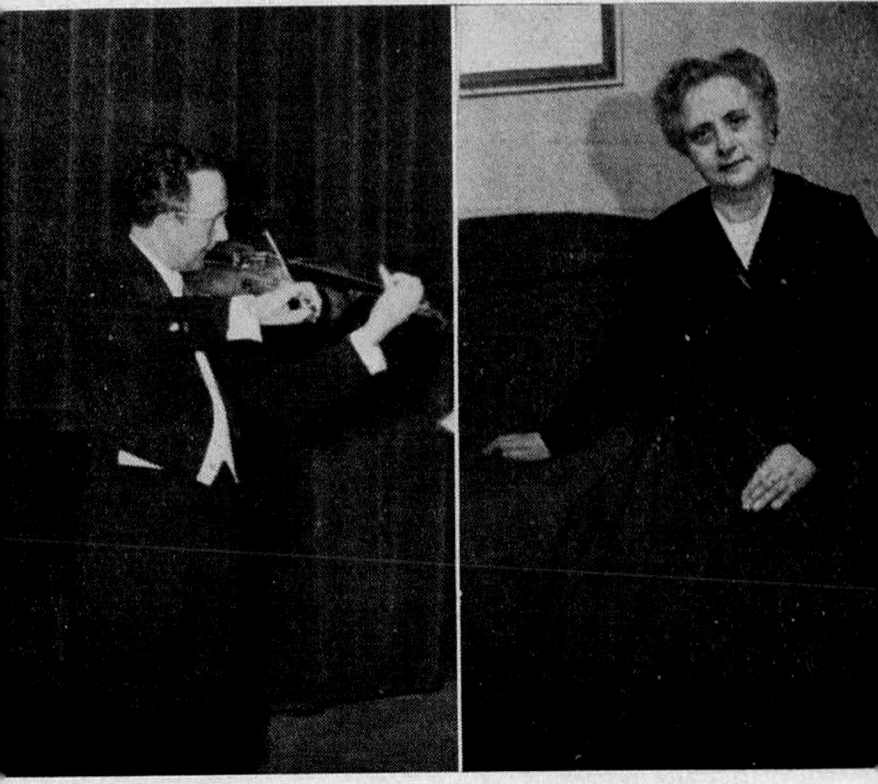

LUTGARDA MARGAÑON, *pianista*
RODOLFO SOLINIS CABARGA, *violinista*

Imagen 68. Lutgarda Margañón y Rodolfo Solinís en la revista *Ritmo* (1962).

como un curso sobre literatura del siglo XVIII o una conferencia del presidente de la sección de Música, José Ramón Martínez Hernani sobre Mozart[366].

---

366 Mario Crespo, *El Ateneo de Santander (1914-2005)*, Santander, Centro de Estudios Montañeses, 2006, p. 105; "Ateneo de Santander", *HLS*, 29 marzo 1965, p. 3; "En el Ateneo. Actos para esta semana", *HLS*, [31 mayo 1965, p. 5; 15 noviembre 1965, p. 2; 24 enero 1966, p. 4; 25 abril 1966, p. 8; 16 mayo 1966, p. 5].

195

Su actividad fue reconocida por la prensa local, considerándolos como "los tres últimos de la filarmonía activa (...) dan ejemplo de trabajo, de constancia y de amor a la música, sin esperar más recompensa que la del bien que hacen. El ejemplo que dan es admirable, y Santander no debiera conformarse con el apoyo y la simpatía que les otorga el Ateneo, el cual realiza hoy una labor magnífica". También en las páginas de *Ritmo* se valora su labor:

Estos buenos artistas montañeses tuvieron un nuevo éxito, que, como el anterior, me complazco en ratificar. Gozan del cariño y agradecimiento de todos, por su esfuerzo y trabajo constante; logran un envidiable nivel artístico en sus interpretaciones, aportan prestigio a la ciudad, honrándola y honrándose. Todo ello no escapa a los buenos aficionados ni a la Junta Rectora de nuestro Ateneo, y por ello les reclama constantemente para sus reuniones musicales.

Adelante es mi consigna: no desmayéis ni ante los años. Vuestra labor es encomiable y querida. De ello estad bien seguros, como de que si vosotros abandonáis, nadie seguirá este camino[367].

En estos últimos años, solo en alguna ocasión puntual Lutgarda Margañón colaboró individualmente ilustrando una conferencia sobre Chopin o en el "cariñoso y merecido" homenaje que le rindió el Conservatorio en 1970. La prensa la destaca como una "conocida concertista", "pianista tan distinguida (...) Posee mecanismo tan firme como dúctil y finísimo sentido estético"[368].

---

367 Julio J. Abin, "O héroes o desertores", *HLS*, 22 marzo 1965, p. 3; Esteban Vélez, "Crónicas nacionales. Santander", *Ritmo* nº 353, mayo 1965, p. 16.

368 "En el Ateneo. Actos para esta semana", *HLS*, 7 marzo 1966, p. 4; "Con motivo de la festividad de Santa Cecilia. Actos en el Conservatorio de Música", *HLS*, 17 noviembre 1969, p. 5; Esteban Vélez, "Crónicas nacionales. Santander", *Ritmo* nº 399, enero 1970, p. 20; Julio J. Abin, "Festivales y arte

Pilar Torregrosa (n. 1901)

Entre las premiadas en el Conservatorio de Madrid en 1920 también aparece Pilar Torregrosa, que, junto a Remedios, fueron las dos únicas pianistas que tocaron en el acto de entrega de Premios el día de Santa Cecilia.

Pilar Torregrosa Torregrosa nace en Madrid en 1901 en una familia con formación musical. Su madre, Pilar Torregrosa Jordá (n. 1871) ya había estudiado piano en el Conservatorio de Madrid con José Tragó, obteniendo el primer premio de piano en 1888. También su tía, Matilde Torregrosa Jordá (1867-1939) fue alumna de Tragó y era Catedrática de solfeo en el Conservatorio de Madrid cuando Pilar Torregrosa (hija) se presenta a premio junto a Remedios[369].

Sigue los pasos de su madre y su tía, obteniendo el Diploma de primera clase en solfeo en 1912, y en los años siguientes la prensa destaca sus ejercicios de cuarto y quinto de piano, haciendo constar siempre su condición de "niña" —con quince años cumplidos— y de sobrina y alumna de la "notabilísima pianista Matilde Torregrosa", sin mencionar a Tragó:

En los exámenes del Conservatorio ha llamado la atención la niña Pilar Torregrosa, que en el quinto año de piano ha ejecutado ejercicios del séptimo como una notable artista.

La niña Pilar es sobrina y alumna de la ilustre profesora Dª Matilde Torregrosa, que goza de tan legítima fama[370].

---

para un pueblo mejor", *HLS*, 25 julio 1966, p. 2.

369 "Primeros Premios de Piano de la Escuela Nacional de Música y Declamación. Clase del profesor D. José Tragó", *IMHA* nº 20, 15 noviembre 1888, p. 155; "La Escuela Nacional de Música. Los primeros Premios", *Crónica de la Música* nº 2, 10 octubre 1878, p. 2; "Escuela Nacional de Música y Declamación. Curso de 1882 a 1883", *GM*, 9 agosto 1883, p. 331; "Ministerio de Instrucción Pública y Bellas Artes. Órdenes", *GM*, 5 enero 1932, p. 70.

370 "Noticias generales", *El Universo*, 9 junio 1915, p. 3; "Noticias generales", *La Época*, 8 junio 1916, p. 5; "Noticias", *El Liberal*, 8 junio 1916, p. 4; "Noticias generales", 15 octubre 1916, p. 4.

En 1920, tres días antes de la oposición al Premio de Piano, el compositor y crítico José R. Gomis (1856-1939) publica en portada del diario *El Siglo Futuro* un relato de la audición de Pilar en casa de su tía Matilde interpretando el programa que llevaba para el premio:

> Pilarcita, sin abandonar su característica sonrisa, y haciendo del teclado el juguete de sus dedos, da principio a las grandes "Variaciones", de Mendelssohn, obra de enormes dificultades (...) Aquella criatura va venciendo los innumerables escollos de la obra con tan pasmosa facilidad que yo quedo verdaderamente asombrado (...)
>
> Pilarcita ya no teme mi censura, y, dueña de sí misma, sin levantarse del piano, aún me hace oír la célebre Tarantela "Venecia y Nápoles", de Liszt, obra de libre elección que lleva al concurso. Esta es, si se quiere, de muchas más dificultades que la anterior; pero ya no me sorprende la facilidad de esta niña en el dominio de página tan colosal...
>
> (...) Yo la felicito y creo, como su maestro, el eximio Tragó, que ella va a obtener el primer triunfo de su carrera en el acto del concurso (...)
>
> Profundamente agradecido por la cariñosa acogida de que he sido objeto por parte de la amable señorita e ilustre profesora Matilde Torregrosa, y de su hermana, también profesional del arte, me despido comentando mentalmente la asombrosa precocidad de esta niña extraordinaria, que, en día no lejano, seguramente, alcanzará un lugar culminante entre los pianistas españoles[371].

De nuevo observamos la insistencia en su condición de "niña" —con utilización del diminutivo "Pilarcita"— aunque estaba a punto de cumplir diecinueve años. También una descripción de su interpretación y un adelanto del que tenía que ser el veredicto del jurado. No falta la referencia a su tía —la ilustre profesora— e incluso a su madre, para

---

371 José R. Gomis, "María del Pilar Torregrosa", *El Siglo Futuro*, 21 junio 1920, p. 1

proclamar la "asombrosa precocidad de esta niña extraordinaria" y su gloria futura.

El 23 de junio se celebra la oposición a Premios de piano, otorgándose nueve Diplomas de Primera Clase, pues se había ampliado el número por la incorporación de los alumnos libres. A juicio de Rogelio Villar, el número de premios concedidos era excesivo: "cinco por unanimidad y cuatro por mayoría de votos, colocados en orden de actuación, no de mérito". Para señalar a continuación los alumnos oficiales y libres que más se habían distinguido en los concursos del ese año —ahora por orden de mérito—: las señoritas Remedios Martínez, Lutgarda Margañón, Pilar Torregosa, Rafaela González Muñoz, Paquita Pardo y el joven Díaz Canel, un joven de grandes cualidades pero poco hecho[372]. El resto del artículo lo dedica a las dos primeras pianistas.

En el acto de entrega de Premios que tuvo lugar en el Conservatorio con motivo de la Festividad de Santa Cecilia, después de Remedios Martínez, Pilar Torregrosa interpretó el nocturno *Sueño de amor* (nº 3) y la obra de libre elección con la que había concursado en junio, "Venecia y Nápoles", ambas de Liszt.

De nuevo será José R. Gomis el que, días después de que aparezcan todas las informaciones en la prensa sobre la entrega de premios, publique el único comentario sobre la actuación de "Pilarcita" Torregrosa, con el diminutivo ya en el título de un artículo dedicado a ella en portada:

Para qué decirte, lector, que esta niña todo arte, todo sentimiento, fue la heroína de la fiesta. Ya lo supondrás[373].

---

372 "En el Conservatorio...", *El Sol*, 29 junio 1920, p. 14; Rogelio Villar, "Los concursos...", *Nuevo Mundo*, 23 julio 1920, p. 18.

373 "Una solemnidad. Real Conservatorio de Música y Declamación", *El Correo Español*, 20 noviembre 1920, p. 9; José R. Gomis, "En el Conservatorio de Música. Pilarcita Torregrosa", *El Siglo Futuro*, 30 noviembre 1920, p. 1.

En los años siguientes Pilar Torregrosa participa en algunos conciertos junto a otros intérpretes, como la velada organizada en septiembre de 1921 por Pedro Fontanilla —profesor de Armonía del Conservatorio— a beneficio del ejército español en Marruecos en la Sociedad Filarmónica de Ávila, su lugar de veraneo:

> La por nosotros aplaudidísima señorita Pilar Torregrosa, tiene a su cargo una parte del programa dedicada al mago del piano, Chopin, y al rey de la Rapsodia, Liszt[374].

También en abril de 1922 participa en la primera parte de un concierto en el Círculo de Bellas Artes con obras de Chopin y Rachmaninov, y de nuevo hallamos una disparidad de criterio entre los elogios más elevados en *La Correspondencia de España* y la tibieza del comentario del crítico Adolfo Salazar en *El Sol*:

> María del Pilar Torregrosa, en el Círculo de Bellas Artes, dio una buena versión del Preludio en sol de Rachmaninov y de varios trozos de Chopin[375].

Después solo la encontramos en la sección de "Ecos de sociedad" de los diarios, realizando participaciones esporádicas en actos como pedidas de mano en Ávila (junto a su tía, 1924), fiestas en casas distinguidas, como la de D. Luís Pasarón —letrado del Consejo de Estado— (1934, 1935) o en el Hotel Continental de Ávila, donde veranea en 1948.

Además, participa en actos culturales, como la sesión literaria musical, conmemorativa del Día de Cervantes, organizada en abril de 1932 por la Agrupación de "Los Amigos de Cervantes" en la Universidad de Alcalá, donde interpretará la

---

374 "La Filarmónica", *El Diario de Ávila*, 21 septiembre 1921, p. 2; LUIS LÓPEZ PRIETO, "Para el aeroplano 'Ávila'. La velada de anoche en 'La Filarmónica'", *El Diario de Ávila*, 24 septiembre 1921, p. 2.

375 "De música. Pilar Torregrosa", *LCE*, 29 abril 1922, p. 5; S. [ADOLFO SALAZAR], "La vida musical", *El Sol*, 3 mayo 1922, p. 3.

Imagen 69. Rafaela González, José Tragó y Pilar Torregrosa en 1928.

"Obertura de las bodas de Camacho, de Mendelssohn, ejecutada a cuatro manos por las distinguidas señoritas Matilde y Pilar Torregrosa, la primera, profesora del Conservatorio"[376].

En 1928, con motivo de la jubilación de su profesor de piano, José Tragó, Pilar Torregrosa posa con el maestro junto a Rafaela González, que también obtuvo el premio de piano en 1920. Eran sobrina e hija —respectivamente— de profesoras de solfeo del Conservatorio[377].

También Pilar Torregrosa intentó entrar como profesora en el Conservatorio, solicitando participar en las oposiciones a plaza de profesor numerario de piano que se celebraron en 1929 y a cátedra de piano en 1931. Finalmente accedió cuando se nombran profesores interinos tras la Guerra

---

376 "Ecos de sociedad. Petición de mano", *El Diario de Ávila*, 21 julio 1924, p. 2; "Ecos de sociedad", *El Debate*, [27 mayo 1934, p. 20; 13 marzo 1935, p. 8]; "El día de Cervantes. Festival en Alcalá de Henares", *Luz*, 23 abril 1932, p. 8.

377 D. T., "Otro maestro jubilado. Don José Tragó", *La Esfera*, 21 agosto 1928, p. 14.

Civil para el curso 1939-40, y se mantuvo como profesora auxiliar de piano hasta 1970[378].

Carmen Pérez (1895-1978)

En diciembre de 1910 se presentaron al Premio Ortiz y Cussó en el Conservatorio de Madrid Pepito Cubiles y Carmen Pérez, entonces una joven de quince años. Al año siguiente fue la única española en ese curso que ingresó en el Conservatorio de París... otro de los futuros de Remedios[379].

Carmen Pérez García nació en Cádiz y a los cinco años ingresa en la Academia de Santa Cecilia —donde coincide con Cubiles, solo un año mayor— estudiando con Teresa Colomer. Ya en 1901 asombra al público gaditano y en los años siguientes ofrece conciertos en Córdoba, Málaga y Sevilla. En noviembre de 1905 —durante una breve estancia en Madrid— el compositor Emilio Serrano la presenta ante la Infanta Isabel de Borbón, que la pensiona para que pueda estudiar en Madrid con José Tragó, maestro que al escucharla "ha quedado encantado de sus dotes de artista". En la capital toca también para algunas "aristocráticas familias", como la condesa de Casa-Valencia y la duquesa de Bailén, que le ofrecerán su protección[380].

---

378 "De enseñanza. Reales órdenes", *HM*, 14 octubre 1929, p. 2; "Dirección General de Bellas Artes", *GM*, 2 diciembre 1931, p. 1391; "Ministerio de Educación Nacional. Orden 11 de octubre de 1939 nombrando Profesores interinos del Conservatorio Nacional de Música y Declamación de Madrid", *BOE* nº 307, 3 noviembre 1939, p. 6188; "Orden 13 de noviembre de 1969 por la que se nombra el Tribunal que ha de juzgar el concurso-oposición para proveer una auxiliaría de piano en el Real Conservatorio Superior de Música de Madrid", *BOE* nº 289, 3 diciembre 1969, p. 18816.

379 "Noticias. Del Conservatorio", *La Mañana*, 29 diciembre 1910, p. 3; "Una alumna española", *La Mañana*, 22 octubre 1911, p. 1.

380 "Artista precoz", *LCE*, 20 noviembre 1905, p. 2; "Dos pianistas precoces", *Nuevo Mundo*, 7 diciembre 1905, p. 13; un completo artículo sobre la pianista: TERESA GARCÍA MOLERO, "La pianista y compositora Carmen Pérez García (1895-1978): una andaluza internacional", *Hoquet,* nº 19, 2021, pp. 77-92.

En junio de 1910 termina los estudios de piano como alumna oficial, obteniendo el premio fin de carrera y la efusiva felicitación de Tomás Bretón, que lamenta "que el Conservatorio no disponga de un premio extraordinario, para otorgarlo a una alumna que tanto honra a la Escuela como a su sabio maestro". Y después del verano se presenta en noviembre al Premio Extraordinario Estela, casa que donaba uno de sus pianos al ganador, donde "obtuvo un triunfo ruidosísimo". En diciembre ganaría otro piano en el Premio Ortiz y Cussó, en unas oposiciones "muy reñidas" con nueve aspirantes en las que el Jurado consideró "igualmente acreedor a la recompensa" a Cubiles[381].

Organizado por las "aristocráticas" señoras que la protegían, en abril de 1911 ofreció un concierto de presentación en el Teatro Príncipe Alfonso cuyos beneficios harían posible su ampliación de estudios en París. El programa era "escogido y difícil": *Sonata*, Beethoven; *Andante y Fuga* de Bach-Busoni; *Nocturno*, *Estudio en la menor*, *Andante spianato y Gran Polonesa*, Chopin; *Triana*, Albéniz; y *Venecia y Nápoles*, Liszt. Además de dos composiciones suyas: *Aires andaluces* y *En el abismo*, "en las que su inspiración corre pareja con su prodigioso mecanismo"[382].

En 1912 estudia en el Conservatorio de París y ofrece conciertos en casas distinguidas y salas de conciertos, tocando dentro del repertorio europeo (Beethoven, Chopin, Liszt) música española de Albéniz, Granados, Falla y Turina, siendo alabada por la prensa francesa como *une «maja» musicien-*

---

381 "Noticias generales", *LCE*, 30 junio 1910, p. 6; Miguel Salvador, "De música. El premio extraordinario 'Estela' en el Conservatorio", *El Globo*, 18 noviembre 1910, p. 1; Manrique de Lara, "El Día Musical", *El Mundo*, 13 noviembre 1910, p. 1; "Noticias. Concurso Musical", *Revista General de Bellas Artes*, nº 25, enero 1911, p. 12.

382 Miramar [Enrique Casal Chapí], "Del gran mundo. En el Príncipe Alfonso. El concierto de ayer", *La Mañana*, 20 abril 1911, p. 3; Manrique de Lara, "Concierto de piano. Carmencita Pérez", *El Mundo*, 20 abril 1911, p. 2.

CARMENCITA PEREZ GARCIA

Este es el nombre de una notable pianista de diez años, pensionada por S. A. la infanta Isabel y encomendada á la dirección artística del maestro Tragó.

Es natural de Cádiz y huérfana de padre. Su alma de artista se reveló en la prodigiosa criatura cuando aún no sabía hablar. En sus lloros, el modo más eficaz de acallarla era que oyese tocar el piano. Interpreta obras de Beethoven, Hendel, Saint Saens, Hummel y Chopín.

Imagen 70. Carmen Pérez García en su presentación en Madrid (1905).

ne[383]. En junio de 1914 gana —de nuevo junto a Cubiles— el Primer Premio del Conservatorio de París[384]:

> (...) de entre la masa neutra de tanto concursante impersonal, dos jóvenes artistas españoles, pianistas los dos, han sobresalido notablemente: Carmencita Pérez, ruidosamente aclamada por el público auditor y José Cubiles. Son dos primeros premios muy merecidos. Carmencita Pérez fue alumna de la Real Academia de Santa Cecilia, de Cádiz y de Tragó, en Madrid, sobre todo.
>
> Su inscripción en el Conservatorio [de París] es puramente nominal: el trabajo premiado viene de lejos; de Tragó, y algo, quizá, de aquí, también, pero no del Conservatorio.
>
> (...) Los amigos y admiradores de Carmencita Pérez han tomado la generosa iniciativa de costearle un año más de estudios en París; esto les dará á ustedes una idea de la estima artística y de la simpatía que ha sabido captarse esa chiquilla, veinte veces artista.

El estallido de la Primera Guerra Mundial le obliga a regresar a España y multiplica sus conciertos por todo el país en un dúo de violín-piano con la violinista Jeanne Gautier —también primer premio en París—, algunos con orquesta y fundamentalmente como solista, además de impartir clases particulares para poder subsistir. Los programas de sus conciertos son cada vez más exigentes, y sus éxitos mayores[385]:

---

383 Una «maja» música.

384 "Mondanités", *Excelsior*, 2 julio 1912, p. 4; Émile Vuillermoz, "Bloc-notes du Mélomane", *Paris-Midi*, 19 marzo 1914, p. 4; "Gran artista española", *LCE*, 1 julio 1914, p. 4; Joaquín Nin, "La música en el extranjero. La ópera. Los concursos", *RMHA* nº 7, julio 1914, p. 17.

385 Rogelio Villar, "La actualidad musical. Carmencita Pérez", *LIEA*, 8 junio 1915, p. 10; "Nuestros grandes artistas. Carmencita Pérez", *La Época*, 3 diciembre 1917, p. 1; "Una gran artista. Carmencita Pérez en Valencia", *La Época*, 3 diciembre 1917, p. 2.

Con insuperable maestría ejecutó Carmencita Pérez, en la primera parte, el *Andante y Fuga*, de Bach-Busoni; *Le Coucou* de Daquin; sonata *Apassionata*, de Beethoven. En la segunda: *Barcarola y Nocturno*, de Chopin; *Petit Suite*, de Debussy; Rapsodia nº 10 de Liszt. Y en la tercera: *Triana y el Albaicín*, de Albéniz; *El Pelele*, de Granados, y *Mefisto* (vals), de Liszt.

En todas las composiciones ejecutadas vio premiada la gran artista su labor con ovaciones. Tan enorme fue el éxito, que a pesar de no permitirlo el reglamento de la Filarmónica, Carmencita Pérez tuvo que repetir algunas obras.

Desde 1915 realiza conciertos también con el violonchelista Domingo Taltavull, solista de la Orquesta Filarmónica y el Cuarteto español, con quien se casa en 1920. La pareja tuvo dos hijos y se separaron años después[386].

Por esos años inicia también una colaboración con la bailaora Antonia Mercé —*La Argentina*—, que la llevará por Norteamérica, Canadá, Japón... En enero de 1929 se presenta en el Teatro Imperial de Tokyo con un programa que coreografiaba piezas españolas asociadas a la danza y grandes obras pianísticas españolas intercaladas entre los bailes[387]:

SOIREE DE DANSE ESPAGNOLE

De conciertos coreográficos podemos calificar estas triunfales actuaciones de La Argentina por las playas de moda. Carmencita Pérez, la notabilísima pianista, es

386 Teresa García-Molero, *op. cit.*, p. 84.
387 Bennahum, Ninotchka D., *Antonia Mercé. El flamenco y la vanguardia española*. Barcelona, Global Rhythm Press, 2009, p. 109; Fernando López, "Gestos de ida y vuelta: Antonia Mercé, 1929 - Kazuo Ohno", *Música Oral del Sur* nº 17 (2020), p. 440; José Forns, "Hablando con la Argentina", *HM*, 9 junio 1928, p. 7; Idoia Murga (ed.), *Antonia Mercé. Epistolario "La Argentina"*. Madrid, CDAEM, 2020, p. 158.

acompañante inimitable de esas danzas castizas, estilizadas por el genio de La Argentina. Albéniz, Granados y Falla constituyen el fondo del programa, sin que falten en él nombres de jóvenes, como Durán y Halffter; la nota achulada de «La corrida», de Quinito Valverde, así como las populares «lagarteranas» de Guerrero, sobre cuya música ha hecho La Argentina una de sus creaciones más originales y graciosas. Los aplausos y ovaciones obligan a repetir muchos números, y celebran también con gran entusiasmo la labor como concertista de Carmencita Pérez.

La pianista interpretaba entre los bailes: "Sevilla", "Seguidillas" y "Triana" de Albéniz, "El pelele" de Granados, "Viva Navarra" de Larregla y "El vito" de Infante. Esta colaboración se interrumpió por una lesión en la mano de la pianista que le impidió acompañar a *La Argentina* en la gira que comenzaba en EEUU en otoño de 1929.

Retoma en los años siguientes su actividad concertística en París, Madrid, Cádiz y otras ciudades de forma esporádica. Así, en 1935 ofrece en el Círculo Mercantil de Málaga un concierto, y la prensa la presenta como Primer premio del Conservatorio de París "subvencionada por el Gobierno para difundir la música española". Aún en 1944 en Cádiz, "la embajadora de la música española" incluyó junto a obras de Granados, Falla y Halffter, algunas piezas breves de Chopin y Schumann; todo ello jalonado por dos monumentos de la literatura pianística: Las *Treinta y dos variaciones* de Beethoven al inicio, y la *Rapsodia* nº 10 de Liszt como apoteósico final[388].

388 "Concierto de Carmencita Pérez", *El Adelanto*, 8 marzo 1931, p. 4; "Círculo Mercantil de Málaga", *Diario de Málaga*, 17 octubre 1935, p. 3; "Musique", *Le Figaro*, 8 diciembre 1937, p. 4; "Información musical. Cádiz", *Ritmo*, junio 1940, p. 17; "Música. Novedades de la semana. Conciertos Ritmo", *HL*, 11 noviembre 1940, p. 2; "Información musical. Cádiz", *Ritmo*, agosto 1944, p. 11.

Imagen 71. Carmen Pérez (Izqda.) y Antonia Mercé rodeadas por miembros del teatro Imperial, durante su recibimiento en Tokio (1929). Archivo Antonia Mercé La Argentina. Biblioteca Fundación Juan March (Madrid).

En los años cincuenta se instala en Mónaco, allí compone dos piezas para los Príncipes de Mónaco y, en su labor de difusión de la música española, intentó fundar un "Premio Albéniz"[389].

Josefa Bustamante (1906-1997)

En septiembre de 1925, cuando Remedios gana el Premio Barranco en Málaga, se llevó un accésit una joven pianista granadina que estaba terminando la carrera en Madrid con Pilar F. de la Mora. En la siguiente convocatoria (1930) ganaría el Premio, desarrollando posteriormente una carrera concertística y docente en Granada.

Josefa Bustamante Garés nació en Granada, iniciando su educación musical con sus padres, ambos directores de colegios de la ciudad, que tocaban el piano y participaban en la vida cultural en instituciones como el Liceo[390]. Fundamentalmente su padre, que también era profesor en la Escuela Normal, consciente del talento musical de Josefa, la apoyó durante su formación y trayectoria musical, gestionando también sus conciertos.

En 1915 continúa sus estudios musicales con Pilar Iglesias y Carmen Santaolalla en la *Escuela de Música para Señoritas* de la *Real Sociedad Económica de Amigos del País* de Granada, una institución pionera en España por su alto nivel y su dedicación exclusiva a las mujeres, algunas de la cuales hallaron una vía hacia la profesionalización musical[391].

---

389 Teresa García-Molero, *op. cit.*, p. 89.

390 La información sobre Josefa Bustamante sin referencias procede de: Helena Martínez, "Prestige and promotion of women in music at the beginning of the twentieth century in Spain: Josefa Bustamante and the «Premio Barranco»", *European Musical Competitions, 1700-1940: History, Context and Meanings*, Charles Edward McGuire (ed.) Turnhout, Brepols, 2025 (en prensa). Agradezco a la autora su generosidad.

391 Helena Martínez, "Un espacio feminizado desde sus orígenes: profesoras en el Conservatorio de Granada hasta la Guerra Civil Española (1921-1936)", *Resonancias* vol. 26 n.º 50, 2022, pp. 159-186.

Tras obtener premios y distinciones en la Escuela, en 1918 se traslada con su familia a Barcelona, donde continúa brevemente su formación con Joaquim Cassadó en la Escuela Municipal de Música, y después a Madrid para terminar su carrera en el Conservatorio. Estudia primero en clases privadas con José Cubiles y, en 1921, se convierte en alumna oficial para completar los tres últimos cursos con Pilar F. de la Mora, ganando el Premio de Piano en 1926.

Un año antes de terminar la carrera se había presentado al Premio Barranco, donde "a vista de los lucidísimos ejercicios practicados por algunos opositores, varios socios de la Filarmónica acordaron improvisar un accésit de quinientas pesetas"[392], que fue otorgado a Josefa Bustamante.

En diciembre de 1927 aparece, junto a ministros, cargos militares, religiosos y civiles, periodistas, y otros personajes relevantes, en el libro que editó la Sociedad Auto-pista Cuenca-Madrid-Valencia para promocionar el proyecto de construcción de la vía, pues "vino a expresarnos sus ardientes felicitaciones, obsequiando a los Señores consejeros con una brillante audición"[393]. En una intensa campaña propagandística —probablemente orquestada por su padre— incluye una foto junto a una biografía de la "precoz artista", situando su nacimiento en 1914 —ocho años después—, destacando sus éxitos y "el triunfo que en 1925 obtuvo en Málaga, ganando el premio de la 'Fundación Barranco'".

En la misma reseña se relatan sus conciertos para conmemorar el centenario de Beethoven en el Centro Artístico de Granada, institución que "acordó pensionarla en Madrid

---

392 E. DEL P., "Notas musicales. En la Filarmónica. Premio Barranco", *LUM*, 30 septiembre 1925, p. 12.

393 "La precoz artista Pepita Bustamante nos obsequió con un concierto", *Auto-pista Madrid-Cuenca-Valencia*, Biblioteca Virtual de Castilla-La Mancha. Libros, 1927, p. 65. En: https://ceclmdigital.uclm.es/high.raw?id=0000331331&name=00000001.original.pdf&attachment=0000331331.pdf (Fecha de consulta: 24 mayo 2024)

para que pudiera ampliar sus estudios". De hecho, en 1928 Josefa Bustamante solicitó en Madrid una beca de la Junta de Ampliación de Estudios para cursar el "virtuosismo" en el Conservatorio de París. Sin embargo, en 1929 se vuelve a Granada y ya entra a formar parte del Claustro del Conservatorio como profesora auxiliar de piano, con un alumnado y profesorado en feminización creciente.

En 1930 sí ganaría el Premio Barranco, compitiendo con otros dieciocho participantes —quince mujeres (84,2%), tres hombres— con el *Carnaval* op. 9 de Schumann como obra obligada y el *Andante spianato y gran polonesa* de Chopin de obra libre.

El Premio Barranco le supuso su lanzamiento como intérprete y un gran reconocimiento público, con el homenaje que le tributó el Centro Artístico de Granada ya en 1932, destacando ya "su extraordinaria fuerza emocional, su ejecución clara y su manera fiel de interpretar las distintas escuelas". Como concertista con orquesta, actúa en estos años en el Palacio de la Música de Madrid y en el Palacio de Carlos V en Granada, bajo la dirección de grandes personalidades como Enrique Fdez. Arbós o Manuel de Falla.

Como solista ofrece conciertos en Málaga, Córdoba o incluso en la inauguración de Radio Granada en 1933. En ese mismo año fallece su padre, que había sido su principal acompañante y apoyo, coartando sus posibilidades de ampliar estudios en París.

Y en 1936 se casa y casi desaparece de la escena concertística, desarrollando una gran labor docente en el Conservatorio de Granada y en clases privadas hasta su jubilación en 1981. Trae "la escuela de Pilar de la Mora y de Cubiles a Granada. Era muy buena escuela", creando una escuela granadina propia, en la que formó a pianistas como Pepita Martínez, Maribel Calvín, Ramona Herrero y Javier Herreros.

Imagen 72. Josefa Bustamante en el libro Auto-pis. Madrid-Cuenca-Valencia (1927)

Estas mujeres pianistas, hoy casi invisibles, se entrecruzan en la trayectoria profesional de Remedios, y parecen continuarla —con gran esfuerzo—.

En la memoria familiar ha quedado la insistencia de Pilar F. de la Mora para que Remedios se presentara a una plaza de piano en el Conservatorio de Madrid, donde podría haber continuado su carrera profesional, como Pilar Torregrosa.

De haber hecho su vida en una ciudad mediana con tradición musical —como Santander o Granada—, Remedios podría haber ejercido como profesora del Conservatorio o en clases privadas, además de continuar con una labor concertística —como Lutgarda Margañón o Josefa Bustamante— que nunca abandonó en su ámbito privado.

Más difícil hubiera sido abrirse camino como intérprete, pues a los obstáculos de un contexto eminentemente masculino, habría que añadir la irrupción de la radio y el cine que requerían —como Leonor Pereira—, adaptarse a los nuevos medios, participando en espectáculos de variedades.

Sin duda, la muerte de su padre en 1919 truncó sus posibilidades de ampliar sus estudios en París —como Pilar F. de la Mora o Carmen Pérez—, de ganar el premio del Conservatorio francés y de desarrollar una carrera concertística internacional.

Se quedó en Serón, en la medianoche del huerto, abriendo el balcón de la Plaza de Enmedio:

... Y, de pronto, ha surgido
del silencio dormido
la risa clara de un piano[394].

---

394 JOSÉ ANTONIO TORREBLANCA, *La Pianista*, Serón, Ms, c. 1950. ARM. Reproducido en Anexo VII.

Fuentes

Bibliografía

BENNAHUM, Ninotchka D., *Antonia Mercé. El flamenco y la vanguardia española*. Barcelona, Global Rhythm Press, 2009.

BÉNARD, Hélène, "Las profesoras de piano en torno al Conservatorio de María Cristina de Madrid en el Siglo XIX", *Arenal*, vol. 7 nº 2 (2000), pp. 383-420.

BLANCO, Carlos, "La profesionalización musical de las mujeres en La Rioja en el siglo XX. La pianista Estrella Sacristán como modelo de género a través de la crítica musical", *Berceo* nº 183 (2022), pp. 167-192.

CASTAÑO, Florencio, "La Casa-Escuela de niñas", *Al-cantillo*, nº 63, agosto 2017, p. 48.

CHUECA, Fernando, "Casino cultural de Almería", *Boletín de la Real Academia de la Historia*, vol. 181, n° l, 1984, pp. 122-123.

COMEAU, Gilles, LU, Yuanyuan, SWIRP, Mikael & MIELKE, Susan, "Measuring the musical skills of a prodigy: A case study", *Intelligence*, 66, 2018, pp. 84–97.

COMEAU, Gilles, VUVAN, Dominique T., PICARD-DELAND, Claudia, & PERETZ, Isabelle, "Can you tell a prodigy from a professional musician?", *Music Perception: An Interdisciplinary Journal*, 35 (2), 2017, pp. 200-209.

CRESPO, Mario, *El Ateneo de Santander (1914-2005)*. Santander, Centro de Estudios Montañeses, 2006.

CUENCA, Francisco, *Galería de músicos andaluces*. La Habana, Cultura, 1927.

DELGADO, Fernando, "La construcción del sistema nacional de conservatorios en España 1892-1942", *Cuadernos de Música Iberoamericana,* 2006, nº12, pp. 105-115.

ESPADAFOR, Manuel, *Variaciones sobre un tema real.* Granada, s.e., 2003.

_____, "En recuerdo de Remedios Martínez Moreno", *Al-cantillo* nº 22, diciembre 2003, pp. 28-31.

_____, *Remedios Martínez Moreno. La pianista de Serón.* Granada, s.e., 2020.

FLORES, María Pilar, *Conservatorio de Málaga: Proceso Pedagógico, Historia y Género.* Tesis Doctoral. Universidad de Málaga, 2016.

GARCÍA, Cristóbal, *Pianos de Málaga. Artesanía e industria. De Montargón a López y Griffo.* Málaga, Ayuntamiento de Málaga-Museo del Patrimonio Municipal, 2018.

GARCÍA, Teresa, "La pianista y compositora Carmen Pérez García (1895-1978): una andaluza internacional", *Hoquet,* nº 19, 2021, pp. 77-92.

GIMÉNEZ-RODRÍGUEZ, María R. y Francisco J., *La Pianista Remedios Martínez Moreno: una biografía documental.* Almería, Escobar Editores, 2003.

GIMÉNEZ-RODRÍGUEZ, Francisco J., "Motivos para un centenario: José Barranco Borch (1876-1919): pianista, profesor y 'filarmónico' olvidado", MARÍA RUIZ-HILILLO (ed.) *Sociedad Filarmónica de Málaga. 150 años de música.* Málaga, Fundación Unicaja, 2020, pp. 127-133.

GONZÁLEZ-RUANO, Cesar, *Memorias: mi medio siglo se confiesa a medias.* Madrid, Tebas, 1954.

GRANADOS, Julián, *D. José Criado y Fernández-Pacheco: ilustre notario de Madrid y su Manzanares natal (1866-1937).* Manzanares, J. Granados, 2010.

GRAUS, Andrea, "Child prodigies in Paris in the belle époque: Between child stars and psychological subjects", *History of Psychology, 24*(3), 2021, pp. 255–274.

GRIMA, Juan y GILLMAN, Juan R. (eds.), *Almería Insólita. El legado fotográfico de Gustavo Gillman 1889-1922.* Almería, Arráez editores, 2010.

HERNÁNDEZ, Nieves, "Educación musical y proyección laboral de las mujeres en el siglo XIX: el Conservatorio de Música de Madrid", *Trans*, 15 (2011).

_____, *Formación y profesionalización musical de las mujeres en el siglo XIX: el Conservatorio de Madrid*. Madrid, Ayuntamiento de Alcalá de Henares, 2019.

HOLSHTEIN, Maiia, "F. Liszt's Hungarian Rhapsody No. 12: the Summa of Performance Paradigms", *Culture of Ukraine*, 2023. DOI: 10.31516/2410-5325.079.09.

IGLESIAS, Iván, "El jazz a finales de la Segunda República española: el *Hot Club* de Barcelona (1935-1936)", *Jazz-hitz*, 03 (2020), pp. 11-34.

JOST, Christa, "In Mutual Reflection: Historical, Biographical, and Structural aspects of Mendelssohn's Variations Sérieuses", *Mendelssohn Studies*, Larry Todd (ed.) Cambridge University Press, 2006, pp. 33-63.

LÓPEZ, Fernando, "Gestos de ida y vuelta: Antonia Mercé, 1929 - Kazuo Ohno", *Música Oral del Sur* nº 17 (2020), pp. 439-448.

MARION-ST-ONGE, Chanel, WEISS, Michael W., SHARDA, Megha & PERETZ, Isabelle, "What Makes Musical Prodigies?", *Frontiers in Psychology,* 11 December 2020.

MARTÍNEZ, Helena, "Prestige and promotion of women in music at the beginning of the twentieth century in Spain: Josefa Bustamante and the «Premio Barranco»", *European Musical Competitions, 1700-1940: History, Context and Meanings*, Charles Edward McGuire (ed.) Turnhout, Brepols, 2025 (en prensa).

_____, "Un espacio feminizado desde sus orígenes: profesoras en el Conservatorio de Granada hasta la Guerra Civil Española (1921-1936)", *Resonancias* vol. 26 n.º 50, 2022, pp. 159-186.

_____, *Entre el adorno y la profesionalización: música y mujeres en la Granada de inicios del siglo XX*. Almería, IEA, 2022.

Martínez, Pedro, *La dictadura de Primo de Rivera en Almería (1923-1930). Nuevas leyes para un nuevo régimen.* Tesis Doctoral. Universidad de Almería, 2005.

Mies, Paul, "Zu Werdegang Und Strukturen Der Paganini-Variationen Op. 35 Für Klavier von Johannes Brahms." *Studia Musicologica Academiae Scientiarum Hungaricae*, vol. 11, no. 1/4, 1969, pp. 323–32.

Pagés, Mónica, "Enrique Escudé-Cofiner, apunte biográfico", en Enrique Escudé-Cofiner, *Estampas Gitanas. Intermezzi. Juliol.* Barcelona, Boileau, 2020, p. 9.

Ramírez, Carmen, "Una hora de mecanismo: propuesta pedagógica para piano de Pilar Fernández de la Mora (1867-1929)", *Quodlibet,* 65, 2 (2017), pp. 34-53.

Reinares, Maria Antonia, "Leopoldo Panero antes y después de la cárcel de San Marcos", *Argutorio*, nº 26 (2011), pp. 17-23.

Rodríguez, Emilio, *Familia Rodríguez y López-Sáez.* Granada, s.e., 2019.

Rodríguez-Lorenzo, Gloria A., "Arte y tecnología: el impacto de la Segunda Revolución Industrial en la vida musical de Madrid (1870-1923)", *Music and the Second Industrial Revolution*. Turnhout, Brepols, 2019, pp. 81-104.

Ruiz, Alfonso, "El Gobierno Civil de Almería y el historicismo de posguerra", *Cuadernos De Arte De La Universidad De Granada*, XXIV (1993), pp. 243–255.

[SF], "Reflexiones acerca de Homero", *Memorial literario. Biblioteca periódica de Ciencias y Artes*, 10 febrero 1806, pp. 145-150.

[SF], *Columbia. Catálogo general.* Mayo 1942. San Sebastián, discos Columbia, 1942.

Sánchez, Andrés, *La integración de la economía almeriense en el mercado mundial (1778-1936): cambios económicos y negocios de exportación.* Almería, IEA, 1992.

Sánchez, Víctor, "Fernández Pacheco, José", *Diccionario de la Zarzuela. España e Hispanoamérica* Vol. I, Madrid, ICCMU, p. 996.

Sinclair, Alison, «La forja del prodigio: Pepito Arriola», *The noughties in the hispanic and lusophone world,* K. Bacon & N. Thorton (Eds.). Newcastle, Cambridge Scholars Publishing, 2012, pp. 143–161.

Supervielle, José, *Guía de Málaga y su provincia para 1908: indicador del comercio y la industria*. Málaga, Imp. J. Supervielle, 1908.

Torreblanca, Juan, *Fidela Campiña: una diva para la eternidad*. Almería, DIPALME, 2017.

_____, *Historia y Memoria de la Cuenca Minera de Serón-Bacares*. Serón, Arráez editores, 2018.

Torreblanca, Juan y Rodríguez, Eusebio, *La memoria silenciada de Serón (Almería). República, Guerra Civil y Represión Franquista (1931-1945)*. Almería, Arráez editores, 2012.

Utrera, Federico, "La academia poética *Musa Musae*", *Castilla. Estudios de Literatura*, 3 (2012), pp. 229-248.

Villar, Rogelio, *Músicos españoles II*. Madrid, Hernando, 1927.

Winner, Ellen, "Child prodigies and adult genius: A weak link", *The Wiley handbook of genius*, Oxford, Wiley Blackwell, 2014, pp. 297–320.

Zamora, Justo M., *Pepito Arriola*. Madrid, Imprenta del Asilo de Huérfanos del S. C. de Jesús, 1900.

Hemerografía

Abin, Julio J., "O héroes o desertores", *HLS*, 22 marzo 1965, p. 3.

_____, "Festivales y arte para un pueblo mejor", *HLS*, 25 julio 1966, p. 2.

Blanque, Manuel, "Desde Serón. Sobre la niña prodigio y un profesor", *LI*, 26 enero 1915, p. 2.

_____, "Los Pueblos. Serón. Del momento II", *Diario de Almería*, 26 julio 1931, p. 1.

_____, "Los Pueblos. Serón. Del momento III", *Diario de Almería*, 1 agosto 1931, p. 1.

_____, "Zozobra Nacional", *Diario de Almería*, 6 agosto 1931, p. 1.

D. T., "Otro maestro jubilado. Don José Tragó", *La Esfera*, 21 agosto 1928, p. 14.

Dandy, "En el Casino. Una fiesta", *LI*, 23 enero 1915, p. 1.

_____, "En el Casino. El concierto de esta tarde", *LI*, 24 enero 1915, p. 1.

_____, "En el Casino. El triunfo de Remedios Martínez", *LI*, 25 enero 1915, p. 1.

DÁVILA, "Galería de Televisión", *HL*, 30 septiembre 1963, p. 3.

DEL ARCO, Manuel, "Mano a mano, José Antonio Torreblanca", *La Vanguardia*, 4 abril 1961, p. 12.

E. del P., "Notas musicales. En la Filarmónica. Premio Barranco", *LUM*, 30 septiembre 1925, p. 12.

F. J. de la P., "Notable artista. Una niña almeriense", *LI*, 17 enero 1915, p. 1.

F. J. de la P., "Sobre una artista. Una explicación", *LI*, 28 enero 1915, p. 2.

FORNS, José, "La música y los músicos. El día de Santa Cecilia. En el Conservatorio", *HM*, 24 noviembre 1920, p. 3.

_____, "De Música. Oposiciones al Premio Sarasate", *HM*, 24 junio 1920, p. 3.

_____, "Hablando con la Argentina", *HM*, 9 junio 1928, p. 7.

GÓMEZ, Julio, "Pilar Fernández de la Mora", *Boletín Musical,* septiembre-octubre 1929, pp. 1-3.

GOMIS, José R., "María del Pilar Torregrosa", *El Siglo Futuro*, 21 junio 1920, p. 1.

_____, "En el Conservatorio de Música. Pilarcita Torregrosa", *El Siglo Futuro*, 30 noviembre 1920, p. 1.

L., "El Conde de Luxemburgo", *El Liberal*, 20 octubre 1910, p. 3.

LAPOULIDE, Juan, "La muerte de Maceo", *La Época*, 10 diciembre 1896, p. 1.

LOMEÑA, Juan, (Secretario), «Sociedad Filarmónica de Málaga. Premio Barranco», *Diario de Almería*, 17 de julio 1925, p. 2.

LÓPEZ, Luis, "Para el aeroplano 'Ávila'. La velada de anoche en 'La Filarmónica'", *El Diario de Ávila*, 24 septiembre 1921, p. 2.

LUSHE-MENDI [AGESTA, José María], "Movimiento musical en España y el extranjero. San Sebastián", *Revista Musical* nº 11, noviembre 1911, p. 15.

MANRIQUE DE LARA, "El Día Musical", *El Mundo*, 13 noviembre 1910, p. 1.

_____, "Concierto de piano. Carmencita Pérez", *El Mundo*, 20 abril 1911, p. 2.

MIRAMAR [CASAL CHAPÍ, Enrique], "Del gran mundo. En el Príncipe Alfonso. El concierto de ayer", *La Mañana*, 20 abril 1911, p. 3.

MURGA, Idoia (ed.), *Antonia Mercé. Epistolario "La Argentina"*. Madrid, CDAEM, 2020.

NIN, J. Joaquín, "La música en el extranjero. La ópera. Los concursos", *RMHA*, julio 1914, p. 17.

PERFECTO CABALLERO, "La niña prodigio. Remedios Martínez", *El Andarax*, 24 enero 1915, p. 1.

PUMARIEGA, JUAN G., "Dos semanas en Cienfuegos", *La Marina*, 10 enero 1922, p. 10.

RAMÍREZ, Diego, "La pantalla pequeña 7. A cada cual...", *HL*, 27 septiembre 1963, p. 21.

S. [SALAZAR, Adolfo], "La vida musical", *El Sol*, 3 mayo 1922, p. 3.

SALVADOR, Miguel, "De música. El premio extraordinario 'Estela' en el Conservatorio", *El Globo*, 18 noviembre 1910, p. 1.

[SF], "Ayer se han recibido", *La Nación*, 5 enero 1871, p. 2.

[SF], "La Escuela Nacional de Música. Los primeros Premios", *Crónica de la Música* nº 2, 10 octubre 1878, p. 2.

[SF], "Primeros Premios de Piano de la Escuela Nacional de Música y Declamación. Clase del profesor D. José Tragó", *IMHA* nº 20, 15 noviembre 1888, p. 155.

[SF], "Funciones religiosas en Serón. Flores de Mayo", *La Unión Católica*, 10 junio 1892, p. 2.

[SF], "Muerte de Antonio Maceo", *El Liberal,* 10 diciembre 1896, p. 1.

[SF], "En el Ateneo", *La Vanguardia*, 3 febrero 1900, p. 6.

[SF], «Cartagena: Entierro», *El Liberal* (Murcia), 23 junio de 1903, p. 1.

[SF], "Premio a las alumnas del Conservatorio", *La Época,* 27 junio 1903, p. 2.

[SF], "Fábrica de Pianos" [anuncio], *El Radical*, 19 abril 1904, p. 3.

[SF], "Artista precoz", *LCE*, 20 noviembre 1905, p. 2.

[SF], "Dos pianistas precoces", *Nuevo Mundo*, 7 diciembre 1905, p. 13.

[SF], "Miscelánea. Barcelona", *LIA*, 26 noviembre 1906. p. 9.

[SF], "La colonia española de Cienfuegos", *DM*, 21 mayo 1907, p. 5.

[SF], "De provincias", *DM*, 19 enero 1908, p. 7.

[SF], "Noticias generales", *LCE*, 30 junio 1910, p. 6.

[SF], "Noticias. Del Conservatorio", *La Mañana*, 29 diciembre 1910, p. 3.

[SF], "Noticias. Concurso Musical", *Revista General de Bellas Artes*, nº 25, enero 1911, p. 12.

[SF], "Una alumna española", *La Mañana*, 22 octubre 1911, p. 1.

[SF], "En el Conservatorio. El Premio Estela", *El Mundo*, 11 noviembre 1911, p. 2.

[SF], "Mondanités", *Excelsior*, 2 julio 1912, p. 4.

[SF], "Noticias", *El País*, 23 septiembre 1912, p. 3.

[SF], "Triunfo de un pianista español", *LCE*, 9 noviembre 1912, p. 6.

[SF], "Una niña precoz", *El País*, 18 junio 1913, p. 3.

[SF], "De Serón. Toma de posesión", *LI*, 29 junio 1913, p. 2.

[SF], "Artistas precoces. Norita Pereira", *El Noroeste*, 28 agosto 1913, p. 1.

[SF], "El Ferrol. Norita Pereira", *El Noroeste*, 4 septiembre 1913, p. 1.

[SF], "Decenario gallego. Una pianista de siete años", *DM*, 10 septiembre 1913, p. 4.

[SF], "Para el concierto de mañana", *El Progreso*, 11 octubre 1913, p. 2.

[SF], "Pontevedra", *El Progreso*, 18 diciembre 1913, p. 2.

[SF], "La Reina Cristina y Norita Pereira", *La Publicidad*, 13 enero 1914, p. 2.

[SF], "Niña prodigio. Norita Pereira", *LCE*, 16 enero 1914, p. 4.

[SF], "Niña prodigio. Norita Pereira", *LCE*, 17 enero 1914, p. 1.

[SF], "De casa", *El Popular*, 17 febrero 1914, p. 1.

[SF], "Prodigio musical. Norita Pereira", *LCE*, 22 junio 1914, p. 1.

[SF], "Gran artista española", *LCE*, 1 julio 1914, p. 4.

[SF], "Varias figuras de actualidad. Norita Pereira", *Mundo Gráfico*, 22 julio 1914, p. 12.

[SF], "Una niña prodigio", *LCM*, 29 septiembre 1914, p. 3.

[SF], "De todo. En los exámenes", *La Tribuna*, 30 septiembre 1914, p. 4.

[SF], "La niña Remedios Martínez", *La Tribuna*, 9 octubre 1914, p. 8.

[SF], "Una artista precoz", *El Globo*, 12 octubre 1914, p. 2.

[SF], "Estafeta taurina", *HM*, 11 noviembre 1914, p. 6.

[SF], "Nueva plaza", *El Toreo*, 20 noviembre 1914, p. 4.

[SF], "Entre bastidores", *El Liberal*, 11 diciembre 1914, p. 6.

[SF], "Notabilidad. Niña prodigio.", *CM*, 17 enero 1915, p. 3.

[SF], "Obsequio merecido. Un té en el Casino", *LI*, 18 enero 1915, p. 1.

[SF], "La niña prodigio Remedios Martínez", *CM*, 20 enero 1915, p. 1.

[SF], "En el Casino. El concierto del domingo", *LI*, 22 enero 1915, p. 1.

[SF], "Concierto en el Casino", *CM*, 23 enero 1915, p. 2.

[SF], "En el Casino", *CM*, 25 enero 1915, p. 1.

[SF], "La niña prodigio. Remedios Martínez", *CM*, 28 enero 1915, p. 2.

[SF], "Concierto de la Banda Municipal", *El Liberal*, 1 febrero 1915, p. 4.

[SF], "Gacetillas. Otro concierto", *CM*, 1 febrero 1915, p. 2.

[SF], "La reunión del Círculo Mercantil", *CM*, 4 febrero 1915, p. 3.

[SF], "Norita Pereira. Función de beneficio", *La Mañana*, 27 mayo 1915, p. 4.

[SF], "Noticias generales", *El Universo*, 9 junio 1915, p. 3.

[SF], "Noticias", *LCM*, 10 agosto 1915, p. 3.

[SF], "Noticias generales. José Cubiles", *RMHA*, enero 1916, p. 24.

[SF], "José Cubiles", *El Liberal*, 10 enero 1916, p. 4.

[SF], "El servicio de comunicaciones. Telégrafos", *La Acción*, 4 abril 1916, p. 4.

[SF], "Telegramas y telefonemas detenidos", *LCE*, 5 abril 1916, p. 7.

[SF], "Noticias generales", *La Época*, 8 junio 1916, p. 5.

[SF], "Noticias", *El Liberal*, 8 junio 1916, p. 4.

[SF], "Una gran artista de ocho años. Norita Pereira", *HM*, 16 junio 1916, p. 6.

[SF], "Crónica", *Arte Musical*, 39, 15 agosto 1916, p. 6.

[SF], "Noticias generales", 15 octubre 1916, p. 4.

[SF], "Teatro Lara. Conciertos Rubinstein", *LCE*, 9 enero 1917, p. 6.

[SF], "Notas mineras", *CM*, 19 febrero 1917, p. 2.

[SF], "De música. Conciertos Rubinstein", *El Mundo*, 15 marzo 1917, p. 4.

[SF], "Por una denuncia. Soldados prófugos detenidos", *CM*, 4 octubre 1917, p. 1.

[SF], "Nuestros grandes artistas. Carmencita Pérez", *La Época*, 3 diciembre 1917, p. 1.

[SF], "Una gran artista. Carmencita Pérez en Valencia", *La Época*, 3 diciembre 1917, p. 2.

[SF], "Ecos de todas partes", *Eco Artístico*, 5 diciembre 1917, p. 17.

[SF], "En La Zarzuela", *El Mundo*, 30 enero 1918, p. 3.

[SF], "Suspensión de la apertura de curso", *Revista General de Enseñanza y Bellas Artes*, nº 223, 1 octubre 1918, p. 1.

[SF], "Norita Pereira", *Mundo Gráfico*, 18 diciembre 1918, p. 17.

[SF], "Una pianista extraordinaria", *HM*, 26 junio 1920, p. 1.

[SF], "Una gran pianista. Lutgarda Margañón", *La Acción*, 28 junio 1920, p. 6.

[SF], "Informaciones de Madrid. Noticias generales", *LCE*, 29 junio 1920, p. 5

[SF], "En el Conservatorio. Resultado del Concurso a Premios", *El Sol*, 29 junio 1920, p. 14.

[SF], "Una pianista admirable. María del Pilar Torregrosa", *El Universo*, 30 junio 1920, p. 3.

[SF], "De sociedad", *La Libertad*, 11 julio 1920, p. 6.

[SF], "Noticias", *El Globo*, 13 julio 1920, p. 3.

[SF], "Señorita Lutgarda Margañón", *La Montaña*, 11 septiembre 1920, pp. 1, 19.

[SF], "Norita Pereira", *Mundo Gráfico*, 15 septiembre 1920, 16.

[SF], "Conservatorio de Música. Distribución de premios", *La Tribuna*, 20 noviembre 1920, p. 7.

[SF], "Una solemnidad. Real Conservatorio de Música y Declamación", *El Correo Español*, 20 noviembre 1920, p. 9.

[SF], "Distribución de premios en el Conservatorio", *ABC*, 23 noviembre 1920, p. 14.

[SF], "En el Conservatorio", *El Debate*, 23 noviembre 1920, p. 6.

[SF], "En el Conservatorio. La fiesta de Santa Cecilia", *HM*, 23 noviembre 1920, p. 1.

[SF], "En el Conservatorio. La fiesta de Santa Cecilia", *El Imparcial*, 23 noviembre 1920, p. 7.

[SF], "En el Conservatorio. La fiesta de Santa Cecilia", *LCE*, 23 noviembre 1920, p. 4.

[SF], "La fiesta de Santa Cecilia", *La Acción*, 23 noviembre 1920, p. 2.

[SF], "La fiesta de Santa Cecilia", *La Época*, 23 noviembre 1920, p. 2.

[SF], "La fiesta de Santa Cecilia en el Conservatorio", *La Tribuna*, 23 noviembre 1920, p. 11.

[SF], "En el Conservatorio", *Ejército y Armada*, 24 noviembre 1920, p. 4.

[SF], "En el Conservatorio", *La publicidad*, 24 noviembre 1920, p. 2.

[SF], "La fiesta de Santa Cecilia", *El Universo*, 24 noviembre 1920, p. 3.

[SF], "Premio del Conservatorio", *LCE*, 25 noviembre 1920, p. 3.

[SF], "Un artista genial", *El Universo*, 26 noviembre 1920, p. 2.

[SF], "Madrid. En el Conservatorio de Música y Declamación", *Blanco y Negro*, 28 noviembre 1920, p. 7.

[SF], "Centro de Hijos de Madrid. Conciertos Lasalle", *La Publicidad*, 22 febrero 1921, p. 3.

[SF], "De música. Primeros premios de piano", *LCE*, 8 julio 1921, p. 4.

[SF], "La Filarmónica", *El Diario de Ávila*, 21 septiembre 1921, p. 2.

[SF], "Norita Pereira", *El Eco de Santiago*, 11 enero 1922, p. 2.

[SF], "Se ha celebrado el homenaje a María Guerrero", *La Tribuna*, 25 febrero 1922, p. 4.

[SF], "De música. Pilar Torregrosa", *LCE*, 29 abril 1922, p. 5.

[SF], "Sección de espectáculos. Terraza del Centro", *LCE*, [22 julio 1922, p. 8; 24 julio 1922, p. 8; 25 julio 1922, p. 8; 26 julio 1922, p. 8]; *La Libertad*, 27 julio 1922, p. 7; *Ejército y Armada*, 28 julio 1922, p. 3; *Ejército y Armada*, 29 julio 1922, p. 3.

[SF], "Noticias e informaciones del Ministerio. Escuelas normales", *Suplemento a la escuela moderna*, 6 enero 1923, p. 36.

[SF], "Ecos de sociedad. Petición de mano", *El Diario de Ávila*, 21 julio 1924, p. 2.

[SF], "La 'Voz' en Azpeitia. Cine y Varietés", *La Voz de Guipúzcoa*, 20 de agosto 1924, p. 14.

[SF], "Lo que traen las ondas", *El Imparcial*, [27 julio 1924, p. 8; 15 noviembre 1924, p. 6].

[SF], "De Cienfuegos. Brillantes exámenes efectuados en la Academia 'Pilar F. De la Mora'", *DM*, 28 abril 1925, p. 23.

[SF], "El concierto del Victoria", *El Telegrama del Rif*, 15 marzo 1925, p. 1.

[SF], "Sociedad Filarmónica. Premio Barranco", *El Defensor de Granada*, 13 julio 1925, p. 2.

[SF], "Sociedad Filarmónica. Premio Barranco", *LUM* (Málaga), 14 julio 1925, p. 4.

[SF], "Premios a pianistas jóvenes", *Diario Córdoba*, 16 julio 1925, p. 1.

[SF], "Un concurso. Para jóvenes pianistas", *LI*, 16 julio 1925, p. 3.

[SF], "De interés para los pianistas jóvenes", *El Telegrama del Rif*, 19 julio 1925, p.1.

[SF], "Sociedad Filarmónica. Premio Barranco", *El Liberal* (Sevilla), 26 julio 1925, p. 4.

[SF], "Notas musicales. En la Filarmónica. Premio Barranco", *LUM*, 26 septiembre 1925, p. 4.

[SF], "Cristeta Goñi y Nora Pereira", *El Universo*, 10 junio 1926, p. 11.

[SF], "Informaciones y noticias musicales. Los concursos del Conservatorio", *ABC*, 8 de julio de 1926, p. 29.

[SF], "Los que viajan", *Diario de Almería*, 8 diciembre 1926, p. 1.

"La mujer artista. Una niña precoz que es hoy una mujer en la plenitud de su arte", *El Adelanto*, 4 enero 1929, p. 4.

[SF], "De enseñanza. Reales órdenes", *HM*, 14 octubre 1929, p. 2.

[SF], "Espectáculos. Trío Pereira", *El Progreso*, 18 diciembre 1929, p. 1.

[SF], "Orquestina Pereira", *Diario de Burgos*, 8 octubre 1930, p. 1.

[SF], "Concierto de Carmencita Pérez", *El Adelanto*, 8 marzo 1931, p. 4.

[SF], "Castro Urdiales. Siguen llegando veraneantes", *El Cantábrico*, 7 agosto 1931, p. 7.

[SF], "El día de Cervantes. Festival en Alcalá de Henares", *Luz*, 23 abril 1932, p. 8.

[SF], "La pantalla", *Ahora*, 11 marzo 1934, p. 27.

[SF], "Cine", *HM*, 12 mayo 1934, p. 7.

[SF], "Ante la crisis del género lírico", *La Nación*, 14 mayo 1934, p. 19.

[SF], "Casino de la playa. La Perla del Océano", *El Día*, 1 agosto 1934, p. 4.

[SF], "Ecos de sociedad", *El Debate*, [27 mayo 1934, p. 20; 13 marzo 1935, p. 8].

[SF], "Círculo Mercantil de Málaga", *Diario de Málaga*, 17 octubre 1935, p. 3.

[SF], "Éxito-éxito-éxito-éxito de la formidable orquesta Los Vagabundos", *El Diluvio*, 13 julio 1935, p. 3.

[SF], "Oposiciones y concursos", *El Debate*, 20 febrero 1936, p. 8.

[SF], "Suscripción abierta para socorrer a las familias de las víctimas del criminal bombardeo", ¡Adelante!, 21 julio 1937, p. 2.

[SF], "Musique", *Le Figaro*, 8 diciembre 1937, p. 4.

[SF], "De espectáculos. Trío Olga en el Ideal Palentino", *El día de Palencia*, 7 mayo 1940, p. 5.

[SF], "Información musical. Cádiz", *Ritmo*, junio 1940, p. 17.

[SF], "Nuevo Juez de Benavente", *Heraldo de Zamora*, 4 noviembre 1940, p. 2.

"Música. Novedades de la semana. Conciertos Ritmo", *HL*, 11 noviembre 1940, p. 2

[SF], "Representantes" [anuncio], *La Prensa*, 28 julio 1941, p. 2.

[SF], "Nuevo Director de Radio Nacional de España", *Pensamiento Alavés*, 16 junio 1943, p. 1.

[SF], "Los Premios Mariano de Cavia y Luca de Tena 1942", *HL*, 5 julio 1943, p. 4.

[SF], "Boletín oficial del Estado. Se crea la Secretaría Técnica de la Subdirección General de Libertad Vigilada", *El Adelanto*, 12 febrero 1944, p. 4.

[SF], "Información musical. Santander", *Ritmo* nº 177, junio 1944, p. 19

[SF], "Información musical. Cádiz", *Ritmo*, agosto 1944, p. 11.

[SF], "Jueces Municipales para Madrid", *HL*, 21 abril 1947, p. 3.

[SF], "Juegos Florales de Almería, *Yugo*, 28 agosto 1949, p.1.

[SF], "El mundo musical", *Ritmo* nº 225, enero 1950, p. 19.

[SF], "Concesión de los premios 'Francisco Franco' y 'José Antonio Primo de Rivera' 1949", *La Prensa*, 3 enero 1950, p. 1.

[SF], "Premio 'Alfredo García, Adeflor'". Al encuentro del alma perdida", *GP*, 1 abril 1952, p. 7

[SF], "Los músicos celebraron ayer la fiesta de su patrona Santa Cecilia", *HLS*, 23 noviembre 1953, p. 6.

[SF], "Hoy comienza en Torrelavega la Gran Jornada de las Ciencias, las Artes y las Letras", *HL*, 8 octubre 1956, p. 4.

[SF], "Cartelera de espectáculos. Programa de T.V.E.", *Pueblo* [24 noviembre 1958, p. 19; 17 febrero 1960, p. 19; 13 junio 1961, p. 15].

[SF], "Concesión de condecoraciones en el día de la victoria", *Pueblo*, 1 abril 1959, p. 10.

[SF], "Ateneo de Santander. Sección de Música", *HLS*, [16 noviembre 1959, p. 8; 20 febrero 1960, p. 2; 9 mayo 1960, p. 2; 23 enero 1961, p. 2].

[SF], "Concursos resueltos. Periodismo. Pérez Torreblanca, primer premio de artículos sobre Málaga y la Costa del Sol.", *GP*, 1 marzo 1961, p. 127.

[SF], "Concierto", *La Nueva España*, 1 noviembre 1961, p. 19.

[SF], "Dos artistas montañeses", *Ritmo* nº 330, octubre 1962, p. 21.

[SF], "Comentarios de actualidad", *El Español*, 29 junio 1963, p. 2.

[SF], "Díganos Vd. algo. D. José Antonio Torreblanca", *Baleares*, 28 enero 1964, p. 3.

[SF], "Crónicas nacionales. Alicante", Ritmo nº 343, abril 1964, p. 16.

[SF], "Ateneo de Santander", *HLS*, 29 marzo 1965, p. 3.

[SF], "En el Ateneo. Actos para esta semana", *HLS*, [31 mayo 1965, p. 5; 15 noviembre 1965, p. 2; 24 enero 1966, p. 4; 7 marzo 1966, p. 4; 25 abril 1966, p. 8; 16 mayo 1966, p. 5].

[SF], "Con motivo de la festividad de Santa Cecilia", *HLS*, 17 noviembre 1969, p. 5.

[SF], "En el Ateneo. Actos para esta semana", *HLS*, [30 marzo 1970, p. 2; 22 noviembre 1971, p. 3].

[SF], "Fiesta de Santa Cecilia", 20 noviembre 1972, p. 7.

[TORREBLANCA, José Antonio], "Necrológica. La pianista Remedios Martínez", *Yugo*, 24 enero 1950, p. 3.

TORREBLANCA, José Antonio, "¡Pero ya no hay pianos!", *Pueblo*, 11 noviembre 1944, p. 4.

_____, "Escritos del tío de los burros. Doña, 'Señá', tía", *Pueblo*, 28 febrero 1959, p. 21.

VALCÁRCEL, Juan, "Jazz", *P.O.M.*, noviembre 1935, nº 2, p. 13.

VÉLEZ, Esteban, "Crónicas nacionales. Santander", *Ritmo* [nº 353, mayo 1965, p. 16; nº 399, enero 1970, p. 20; nº 408, enero 1971, p. 20; nº 420, abril 1972, p. 22].

VILLAR, Rogelio, "La actualidad musical. Carmencita Pérez", *LIEA*, 8 junio 1915, p. 10.

_____, "Artistas españolas. Pilar Fernández de la Mora", *LIEA*, nº 38, 15 octubre 1917, pp. 596-597.

_____, "Los concursos de piano del Conservatorio", *Nuevo Mundo*, 23 julio 1920, p. 18.

_____, "Artistas españoles en París. Antonio Lucas-Moreno", *LIEA*, 8 abril 1921, p. 4.

_____, "*In Memoriam* Pilar Fernández de la Mora (1867-1929)", *La Esfera*, nº 825, 26 octubre 1929, p. 14.

_____, "Nuestros grandes artistas. Antonio Lucas-Moreno, profesor del Conservatorio", *La Esfera*, 21 junio 1930, p. 33.

VIRIATO, "Crítica semanal", *HL*, 13 marzo 1961, p. 6.

VUILLERMOZ, Émile, "Bloc-notes du Mélomane", *Paris-Midi*, 19 marzo 1914, p. 4

Boletines Oficiales

"Escuela Nacional de Música y Declamación. Curso de 1882 a 1883", *GM*, 9 agosto 1883, p. 331.

"Elecciones de compromisarios. Año de 1907. Distrito municipal de Serón", *BOPA*, 22 febrero 1907, p. 3.

"Administración de contribuciones de la provincia de Almería. Negociado de Industrial", *BOPA*, 7 junio 1911, p. 2.

"Administración de contribuciones de la provincia de Almería. Negociado de Industrial", *BOPA*, 26 agosto 1911, p. 2.

"Reglamento que establece el funcionamiento del RCMD" *GM*, 14 diciembre 1911, p. 691.

"Reglamento para el gobierno y régimen del RCMD", *GM*, 30 agosto 1917, p. 550.

"Relación de los créditos que, por obligaciones de la última guerra de ultramar, ha clasificado esta Junta [...]", *GM*, 29 mayo 1918, anexo 2, p. 903.

"Ayuntamiento de Serón. Provincia de Almería. Relación de las plantillas del personal de este Ayuntamiento", *BOPA*, 29 septiembre 1918, p. 4.

"Tesorería-contaduría de Hacienda de la provincia de Almería", *BOPA*, 6 septiembre 1924, p. 1.

"Administración municipal. Número 412. Edicto", *BOPA*, 4 febrero 1928, p. 2.

"Dirección General de Bellas Artes", *GM*, 2 diciembre 1931, p. 1391.

"Ministerio de Instrucción Pública y Bellas Artes. Órdenes", *GM*, 5 enero 1932, p. 70.

"Diputación Provincial de Santander. Sesión del día 29", *BOPS*, 8 febrero 1935, p. 5

"Escalafón del Cuerpo de Directores de Bandas de Música [...]", *GM*, 15 diciembre 1935, p. 364.

"Ministerio de Educación Nacional. Orden 11 de octubre de 1939 nombrando Profesores interinos del Conservatorio Nacional de Música y Declamación de Madrid", *BOE* nº 307, 3 noviembre 1939, p. 6188.

"Anuncio. Juzgado Instructor Provincial de responsabilidades políticas de Almería", *BOPA*, 15 enero 1941, p. 4.

"Movimiento de personal", *GP*, 1 septiembre 1943, p. 244.

"Ministerio de Educación Nacional. Dirección General de Bellas Artes. Rectificando la Orden de 24 de septiembre último, publicada con error en el BOE, por la que se nombraba al personal docente del Conservatorio Elemental de Música y Declamación de Santander", *BOE* nº 310, 6 noviembre 1943, p. 10718.

"Ministerio de Educación Nacional. Orden de 21 de abril de 1947, por la que se reconoce a doña Lutgarda Margañón González el derecho a la propiedad del cargo de Profesora especial de «Piano» del Conservatorio de Música de Santander", *BOE* nº 171, 20 junio 1947, p. 3478.

"Dirección General de Sanidad. Servicio de Sanidad Veterinaria. Relación de las Razones Sociales propietarias de los Almacenes al por mayor de productos cárnicos a quienes se les ha concedido la renovación del permiso sanitario para el funcionamiento durante la actual temporada, con expresión del personal Veterinario Oficial que deberá prestar servicio en los mismos", *BOE* nº 190, 9 julio 1947, p. 3824.

"Audiencia Provincial de Almería. Responsabilidades políticas. Edicto", *BOPA*, 12 agosto 1947, p. 3.

"Dirección General de Sanidad. Servicio de Sanidad Veterinaria. Relación de las Razones Sociales propietarias de los Almacenes al por mayor de productos cárnicos", *BOE* nº 13, 13 enero 1949, p. 194.

"Relación de almacenes al por mayor de productos cárnicos que en virtud de lo dispuesto en la orden de 22 de junio último han solicitado la renovación del permiso sanitario para el ejercicio económico de 1950", *BOE* nº 38, 7 febrero 1950, p. 548.

"Gobierno Civil de la Provincia de Almería. Relación de licencias de caza", *BOPA*, [10 enero 1922, p. 4; 19 diciembre 1928, p.4; 9 marzo 1932, p. 4; 6 diciembre 1948, p. 1; 11 abril 1950, p.1].

"Decreto 438/ 1962 de 1 de marzo por el que se nombra Magistrado de la Audiencia Territorial de Madrid a don José Antonio Pérez Torreblanca. Magistrado de ascenso", *BOE* nº 59, 9 marzo 1962, p. 3297.

"Orden 13 de noviembre de 1969 por la que se nombra el Tribunal que ha de juzgar el concurso-oposición para proveer una auxiliaría de piano en el Real Conservatorio Superior de Música de Madrid", *BOE* nº 289, 3 diciembre 1969, p. 18816.

"Orden de 9 de marzo de 2015, por la que se publica el pliego de condiciones de la Indicación Geográfica Protegida «Jamón de Serón». Consejería de Agricultura, Pesca y Desarrollo rural", *BOJA* nº 51, 16 marzo 2015, pp. 300-307.

Partituras

BLATT, Franz T., *Études pour la Clarinette*. París, Costallat. AMS.

CALAHORRA, Remigio, *Misa a solo de tiple o tenor con acompañamiento de órgano*. Arreglo para órgano de Antonio Plaza Herrerías. Serón, Ms, 1920. APS.

_____, *Misa de Pastorela*. Ms. APS.

CZERNY, Carl, *Escuela de velocidad* op. 299. Barcelona, Edición Ibérica, 1909. ARM.

F. DE LA MORA, Pilar, *Una hora de mecanismo: ejercicio técnico diario para piano*, Madrid, Sociedad Didáctico-Musical.

LEHAR, Franz, *El Conde de Luxemburgo*. Madrid, Ildefonso Alier. ARM.

[SF], *Una hora de mecanismo: ejercicio técnico diario para piano*. Ms, c. 1913. ARM.

[SF], *Copia de Sarasate y E. Martínez. Para Remedios Martínez, Serón y junio 1916*. Ms, 1 p. ARM.

[SF], *Bailes de Salón*. Madrid, Ildefonso Alier. ARM.

PEÑALVA, Ángel, *La Cruz Roja. Himno - Marcha Militar*. San Sebastián, Casa Erviti. ARM.

VIVES, Amadeo, "Nº 4. Cuarteto", *Bohemios*, zarzuela en un acto. Madrid, Casa Dotesio. ARM.

Páginas Web

"Avilés, Antonio (1886-1945)", Academiacolecciones En: https://www.academiacolecciones.com/fotografias/inventario.php?id=F-0608 (Fecha de consulta: 30 abril 2024).

"El cerco del diablo", *La Abadía de Berzano*, 13 enero 2023, En: https://cerebrin.wordpress.com/2023/01/13/el-cerco-del-diablo/ (Fecha de consulta: 2 mayo 2024).

Franz Liszt's Hungarian Rhapsody No. 12 in C minor (1847). Played by Evgeny Kissin in 1990. https://www.youtube.com/watch?v=SWxMmMxmpTc (Fecha de consulta: 20 marzo 2024).

"La precoz artista Pepita Bustamante nos obsequió con un concierto", *Auto-pista Madrid-Cuenca-Valencia*, Biblioteca Virtual de Castilla-La Mancha. Libros, 1927, p. 65. En: https://ceclmdigital.uclm.es/high.raw?id=0000331331&name=00000001.original.pdf&attachment=0000331331.pdf (Fecha de consulta: 24 mayo 2024).

Lágrimas en mi corazón: fox lento. Tiroliroliro: fox trot. Orquesta *Los Vagabundos*. San Sebastián, Columbia, A 6137, c.1934. En Biblioteca Digital Hispánica: http://bdh.bne.es/bnesearch/detalle/bdh0000176868 (Fecha de consulta: 28 junio 2023).

"Nuestra Historia", *Conservatorio Jesús de Monasterio*, En: https://conservatoriojesusdemonasterio.es/el-conservatorio/nuestra-historia/el-conservatorio/ (Fecha de consulta: 15 mayo 2024)

ANTOÑÍN [ANTONIO JIMÉNEZ], "Personajes de nuestro pueblo", *Foro Leo Anaya de la Asociación Cultural Serón Vive*, 19 febrero 2012. En: https://amigosderon.foroactivo.com/t190p45-personajes-de-nuestro-pueblo (Fecha de consulta: 7 junio 2023).

BAILINA, Begoña, "La música en Serón", *Blog Turismo Serón*. En: https://turismoseron.es/blog/la-musica-en-seron/ (Fecha de consulta: 1 abril 2024).

BENITO, José, "El jazz en España: los convulsos años 30", *Me encanta el Swing*. En: https://meencantaelswing.wordpress.com/2023/01/15/el-jazz-en-espana-los-convulsos-anos-30/ (Fecha de consulta: 27 junio 2023).

CASTAÑO, Florencio, "El Cine «España» de Serón. Un lugar de entretenimiento para los seronenses de la posguerra", *Al-Cantillo* nº 46 (2012). En: https://turismoseron.es/blog/el-cine-espana/ (Fecha de consulta: 19 abril 2024).

_____, "La Casa Consistorial de Serón", Blog *Turismo Serón*, 24 mayo 2015. En: https://turismoseron.es/blog/la-casa-consistorial-de-seron-y-los-distintos-nombres-de-su-plaza/ (Fecha de consulta: 12 junio 2023).

CUADRADO, Francisco J., "La pervivencia del Señorío de Montijo en Serón", Blog *Turismo Serón*, 14 enero 2016. En: https://turismoseron.es/blog/la-pervivencia-del-senorio-de-montijo-en-seron/ (Fecha de consulta: 29 junio 2023)

DIPALME, "Arqueología Industrial. Alto Almanzora. Las Menas de Serón y ..." En: https://www.dipalme.org›Informacion›porcategoria (Fecha de consulta: 06 agosto 2023).

INE, "Alteraciones de los municipios en los Censos de Población desde 1842. Provincia: 4 Almería. Municipio: 04083 Serón. En: https://www.ine.es/intercensal (Fecha de consulta: 04 agosto 2023).

MUÑOZ, Paco, "El bar bolero", *Notas Cordobesas*, 28 febrero 2019. En: https://www.notascordobesas.com/2019/02/el-bar-bolero.html (Fecha de consulta: 12 mayo 2024).

PADEREWSKI, Ignacy Jan, *Humoresque de Concert: Cracovienne fantastique*, Op. 14 nº6. Pierdomenico Leonardo, 11th International Paderewski Piano Competition 2019. En: https://www.youtube.com/watch?v=RZMQAsGfWCU (fecha de consulta: 22 julio 2023).

POZO, Rafael, "Estudio descriptivo del Castillo de Serón", *Blog Turismo Serón*. En: https://turismoseron.es/blog/estudio-descriptivo-del-castillo-de-seron/ (Fechas de consulta: 4 agosto 2023).

RECIO, Rosa M., "Cubiles Ramos, Antonio José", *DBE*, Real Academia de la Historia. En: https://dbe.rah.es/biografias/5518/jose-antonio-cubiles-ramos (Fecha de consulta: 11 abril 2024).

REIGOSA, Antonio, "Norita Pereira", *El Progreso*, 29 agosto 2022. En: https://www.elprogreso.es/opinion/antonio-reigosa/norita-pereira/20220829142356159723.html (Fecha de consulta: 11 mayo 2024).

TORRES, Antonio, "José Antonio Pérez Torreblanca", *Diccionario Biográfico de Almería*. En: https://www.iealmerienses.es/Servicios/IEA/edba.nsf/xlecturabiografias.xsp?ref=410 (Fecha de consulta: 1 mayo 2024)

VALERO, Eduardo, "El Teatro Calderón y el Centro de Hijos de Madrid", *Historia urbana de Madrid*, 25 enero 2015. En: https://historia-urbana-madrid.blogspot.com/2015/01/teatro-calderon-centro-hijos-de-madrid-odeon.html (Fecha de consulta: 16 abril 2024).

Fuentes documentales

"17 agosto 1925. Sra. Dª Rosario Sánchez Jiménez", AHPMA Caja 74665.

Acta de defunción nº 78. Enrique Martínez Martínez. RCS, 4 junio 1919.

Acta de defunción nº 181. *María Moreno García*. RCS, 8 noviembre 1921.

Acta de defunción nº 226. Emilio Rodríguez Martínez. Tomo 34 p. 115. RCS, 24 junio 1926.

Acta de defunción nº 5. Remedios Martínez Moreno. Tomo 44 fol. 24v. RCS, 6 enero 1950.

Acta de matrimonio nº 19. RCS, 20 mayo 1883.

Acta de matrimonio nº 47. Tomo 18, fol. 47. RCS. 25 diciembre 1921.

Acta de nacimiento nº 140. *José Antonio Virginio Manuel Auspicio Rodríguez Pérez*. Fol. 347. RCS, 11 julio 1896.

Acta de nacimiento nº 16. María Remedios Enriqueta Francisca Martínez Moreno Tomo 27, p. 17. RCS, 10 marzo 1903.

Acta de nacimiento nº 102. Emilio Rodríguez Martínez. Tomo 47 p. 52. RCS, 30 noviembre 1925.

Acta del Jurado de oposiciones al Premio Barranco. Málaga, 27 septiembre 1925. AHPMA Caja 74665.

Actas de Sesiones Plenarias. Año 1915. ADA.

Actas del Ayuntamiento. Año 1924. AMS.

Acuerdos del Ayuntamiento 1906, 1907 y 1908. AMS.

"Carta de un diputado a Cortes por Santa Cruz de Tenerife, con firma ilegible, a Jacinto Benavente", 30 junio 1919. Madrid, AHN, signatura: DIVERSOS-GENERAL, 351, N.25.

Cédula Personal. Diputación Provincial de Almería. Ayuntamiento de Serón. Nº 252. Dª Remedios Martínez Moreno. Serón, 10 enero 1932. ARM.

Certificación académica de Remedios Martínez. RCMD. Madrid, 7 octubre 1914. ARM.

Diploma de 1ª Clase en la asignatura de Piano a favor de Dª Remedios Martínez Moreno. RCMD. Madrid, 22 noviembre 1922. ARM.

Estatutos y Reglamento del Centro de Hijos de Madrid. Madrid, Imp. de M. Núñez Samper, 1904.

Expedientes de alumnos; Libros de matrícula del Conservatorio de Málaga 1900-1915. AHPMA.

Ficha del alumno D. Leovigildo Martínez Moreno. 1919-1924. ARCM.

Índices alfabéticos de alumnos matriculados; Expedientes de alumnos; Registros de matrículas y exámenes no oficiales del Conservatorio de Madrid. Signaturas 323 y 326. ARCM.

Libros de Actas de Enseñanza No Oficial de solfeo y piano. Actas de exámenes. Cursos 1911-1912 y 1912-1913. ARCM.

Libro de Actas del Claustro de Profesores. Madrid, ARCM, 1911-1921.

Libro de Actas de Sesiones de la Junta Municipal para el ejercicio económico 1893-1894. AMS.

Libro de Actas de las Sesiones celebradas por el Ayuntamiento. Año 1904-6. AMS.

Libro de Actas de las Sesiones celebradas por el Ayuntamiento. Año 1905. AMS.

Libro de Actas de las Sesiones celebradas por el Ayuntamiento. Año 1908 y 1909. AMS.

Libro de Actas de las Sesiones celebradas por el Ayuntamiento. Año 1909 y 1910. AMS.

Libro de Actas del Ayuntamiento de Serón. Año 1919. AMS.

Libro de Actas de las Sesiones Municipales. Años 1920 y 1921. AMS.

Libro de Actas de las Sesiones del Ayuntamiento. Año 1922 termina en abril 1923. AMS.

Libro de Actas de las Sesiones del Ayuntamiento. Año 1923. AMS.

Libro de Actas del Ayuntamiento. Pleno 26-12-1930 a 18-9-1932. AMS.

Libro de Actas de las sesiones celebradas por el Ayuntamiento de Serón. Año 1932. AMS.

Libro de Actas de las sesiones celebradas por el Ayuntamiento de Serón. Año 1934. AMS.

Libro de Actas del Ayuntamiento. Pleno 5-12-1937 a 16-9-1940. AMS.

Libro de Actas del Ayuntamiento. Pleno 16-12-1941 a 30-5-1945. AMS.

Libro de Actas del Ayuntamiento. Pleno 30-10-1948 a 30-9-1951. AMS.

Libro de Actas del Ayuntamiento. Pleno 9-7-1957 a 11-1-1965. AMS.

Memoria del Curso 1917 a 1918. RCMD. Madrid, Hijo de Gaisse, 1918.

Memoria del Curso 1918 a 1919. RCMD. Madrid, Hijo de Gaisse, 1919.

Memoria del Curso 1919 a 1920. RCMD. Madrid, Tipolitografía Gaisse, 1920.

Papeletas de examen de Remedios Martínez. Solfeo (1º-3º), Piano (1º-8º). Madrid, RCMD, 1912-1914. ARM.

Pieza de lectura a primera vista. Premio Barranco (1925). AHPMA Caja 74665.

Sociedad Filarmónica. Real Conservatorio «María Cristina». Orden de los ejercicios para las oposiciones al Premio Barranco (1925). AHPMA Caja 74665.

Sociedad Filarmónica de Málaga. Real Conservatorio de Música "María Cristina". Acta del Jurado de Oposiciones al "Premio Barranco" (1925). AHPMA Caja 74665.

Testamento de Enrique Martínez Martínez. AHPA, protocolo P-10.892, 1908, fol. 512r.

Villa de Serón. Año de 1919. Prov. Almería. Part. Purchena. *Libro Capitular*. AMS.

MARQUESA DE VALDECAÑAS, "Sr. Presidente de la Sociedad Filarmónica de Málaga. Presente", Málaga, 23 septiembre 1925. AHPMA Caja 74665.

MARTÍNEZ, Remedios, *Solicitud de participación en el Premio Barranco*. Serón, 26 agosto 1925. AHPMA, caja 74665.

PEPE [RODRÍGUEZ, José], "Mi querida Remedios (...)". T. postal. Serón, Ms, 24 marzo 1920. ARM.

TORREBLANCA, José Antonio, *Carta a Remedios Martínez y José Rodríguez*. Madrid, mecanografiada, 19 marzo 1948, 2 p. ARM

_____, *La Pianista*. Serón, Ms, c. 1950. ARM.

TRUJILLO, Antonio, Autorización a José Rodríguez Pérez. Serón, Comité Local Antifascista, 29 marzo 1937. ARM.

VILLAESCUSA Pedro, Autorización a José Rodríguez Pérez y Juan Plaza Pérez. Serón, Comité de Abastos y Transportes, 13 noviembre 1936. ARM.

Comunicaciones Personales

CANO, Ana María, Comunicación oral, Almería, 29 abril 2024.

CANO, José, Comunicación telefónica, 17 agosto 2023.

CANO, Marina, *Mis recuerdos de Dª Remedios Martínez "La pianista"*. Almería, Ms, 2021.

CRUZ, M. Ángeles, Correo electrónico, 9 mayo 2023.

PLAZA, Pilar, Comunicación telefónica, 13 junio 2023.

RODRÍGUEZ, Remedios, Comunicación oral, Almería, 17 enero, 23 marzo, 22 mayo 2024.

Anexos

I. En la prensa (selección)

Se ofrecen aquí —ordenados cronológicamente— una selección de reseñas, críticas, opiniones y artículos sobre Remedios Martínez que, si bien han servido como fuentes para elaborar este estudio, creemos que su lectura completa ofrece un gran volumen de información de la trayectoria de la pianista y nos acercan a la impresión que causó en aquellos que pudieron conocerla.

I.1. Madrid: un nuevo lucero del arte (1912-1914)

NOTICIAS[395]

En los exámenes de ingreso y primer año de solfeo, después de brillantísimos ejercicios, ha obtenido nota de sobresaliente la niña de ocho años Remedios Martínez Moreno.

Auguramos un excelente porvenir a dicha niña, pues aparte de las demostraciones de saber de que ha hecho gala, asombró con su precocidad a los profesores y a cuantos han presenciado los exámenes.

Felicitamos a esta preciosa niña así como a su padre nuestro querido amigo de Serón (Almería) D. Enrique.

---

395 "Noticias", *El País*, 23 septiembre 1912, p. 3.

NOTICIAS. UNA NIÑA PRECOZ[396]

Como de costumbre se están verificando este año con gran solemnidad, los exámenes de alumnos en el Conservatorio de Música y Declamación.

Pocas han sido, en verdad, las notas del sobresaliente otorgadas, pues el Tribunal, haciéndose justicia a sí mismo, sólo ha premiado con esta calificación a las verdaderamente merecedoras de ella.

Una de las distinguidas con tal honor, por sus excepcionales condiciones de talento, laboriosidad y facultades, ha sido la niña de diez años Remedios Martínez Moreno, hija de nuestro querido amigo de Serón (Almería), D. Enrique Martínez.

Cinco exámenes ha sufrido la precoz muchacha, habiendo aprobado los dos últimos años de solfeo, y los tres primeros de piano, en todos los cuales ha merecido la nota de sobresaliente.

El Sr. Martínez, lo mismo que su hija, han sido muy felicitados por cuantas personas presenciaron los ejercicios.

UNA NIÑA PRODIGIO[397]

En los exámenes recientemente verificados en el Conservatorio Nacional de Música y Declamación, ha llamado poderosamente la atención por su precoz maestría en la ejecución de los ejercicios correspondientes, la hermosa niña de diez años Remedios Martínez Moreno, natural de Serón, provincia de Almería.

Ya el pasado año aprobó, con nota sobresaliente, y causando la admiración de los tribunales y del auditorio, el segundo y tercer curso de solfeo y los tres primeros años de piano.

Este año, y en los días 22 y 23 del corriente, y asimismo con nota de sobresaliente, aprobó los cursos cuarto, quinto, sexto, séptimo y octavo de piano.

La pequeña y linda artista fue calurosamente felicitada por los examinadores, señores Larregla, Mondéjar, Sarmiento, Serrano

---

396 "Noticias. Una niña precoz", *El País*, 18 septiembre 1913, p. 3.
397 "Una niña prodigio", *LCM*, 29 septiembre 1914, p. 3.

Sáiz, Monje, Fernández Grajal, Guervós, Tragó, Espino, Robles y Cardona, señora Mora y señoritas Salgado y Aguilar.

Después del último examen la joven pianista ejecutó a maravilla, ante su selecto e inteligente auditorio, la "Rapsodia", de Liszt, y tales muestras dio de maestría y dominio en el arte, que como colofón a su éxito brillantísimo y excepcional, el público la aplaudió entusiasmado, saludando con su espontánea ovación a un nuevo lucero del arte, que en edad tan temprana muestra su valía extraordinaria y su mérito excelente.

Nuestra enhorabuena a sus padres y maestros.

Únase nuestro aplauso sincero al de los espontáneos ovacionadores de la niña artista.

DE TODO[398]

En los exámenes recientemente verificados en el Conservatorio de esta corte ha llamado poderosamente la atención la precoz maestría de la niña de diez años, Remedios Martínez, de Serón (Almería) que ha aprobado, con nota de sobresaliente, cinco años de piano.

Después de los ejercicios brillantísimos, justamente encomiados por los respectivos Tribunales, ejecutó maravillosamente, ante selecto auditorio, la rapsodia de Listz, siendo entusiásticamente ovacionada y felicitada.

I.2. Almería: el triunfo de Remedios Martínez (1915)

EN EL GOBIERNO CIVIL NOTABLE ARTISTA.
UNA NIÑA ALMERIENSE[399]

Por invitación de los señores de Carballido, concurrió ayer a su casa lo más escogido de nuestra sociedad, para oír a la niña fenómeno Remedios Martínez que había de ejecutar al piano lo más selecto de su vasto repertorio.

---

398 "De todo", *La Tribuna*, 30 septiembre 1914, p. 4.
399 F. J. de la P., "Notable artista. Una niña almeriense", *LI*, 17 enero 1915, p. 1.

Muy pocas noticias se tenían de esta notabilidad artística, a pesar de encontrarse dentro de la provincia; pero toda ponderación es nimia, ante la emoción que produjo una pequeñuela que tan solo cuenta diez años y que podría, con seguridad de éxito, rivalizar con los más consagrados maestros de la música clásica.

De origen bastante modesto, nació Remedios Martínez en Serón, donde dio los primeros pasos en piano, asesorada por el director de la banda de municipal de allí, del que, como detalle curioso, refieren, que durante sus lecciones, tenía que avisarle la discípula para que volviese el libreto, pues casi desconocía el profesor la música que tocaba.

Fue a Madrid hace dos años, y en dos convocatorias obtuvo en el Conservatorio el título de profesora con la brillante nota de Sobresaliente en los once años de estudio. Seguidamente volvió a sumirse en la árida vida de su pueblo, hasta ahora que se presenta ante nosotros.

Ejecutó maravillosamente y con la delicadeza propia del genio, las difíciles sonatas XV y XIV de Beethoven (Claro de Luna) y el II nocturno de Chopin, debiéndose hacer notar que ésta última la desconocía y que a instancias de los concurrentes tomó el papel y repentizó la pieza con la misma seguridad que si la hubiera dominado siempre, lo que acrecentó el entusiasmo y las simpatías que entre el auditorio reinaba.

Oí allí decir que por indicación de la señora de Carballido, el presidente de la Diputación había prometido pensionar a la pequeña artista, como premio a sus valiosísimos méritos.

Muy complacidos salieron todos los invitados de la amabilidad de los señores de Carballido, que no cesaron de prodigar atenciones a sus amistades obsequiándolas espléndidamente y haciéndoles pasar unas horas deliciosas.

En nombre de todos los devotos de la música, aliento a los hijos de esta tierra, que siempre han dado la más alta prueba de cultura, para que organicen un concierto en honor de esta futura gloria artística, nacida casi en este suelo, con lo que se honrarán, presentándola por primera vez ante el público, y proporcionando un obsequio, tal vez necesario, a la que con su nombre enaltecerá siempre su patria.

LA NIÑA PRODIGIO. REMEDIOS MARTÍNEZ[400]

El autor ilustre del *Escándalo* dijo, que el arte era la mitad de su vida. Y otro autor (que me parece que soy yo) ha dicho, que sin esa media vida, dorada por el sol del arte, la otra media, tediosa y obscura, no merece la pena ser vivida. Uno y otro pensamiento están condensados en esta frase admirable de don Francisco Silvela: «el arte es un consuelo, que no es poco, en verdad, en un mundo de dolores y lágrimas».

Tanta erudición a la violeta se agolpaba en mi mente, al escuchar tardes pasadas y merced á la galantería de los señores de Carballido y Bugallal, a esa niña prodigio, a esa pianista portentosa, a ese *monstruo* de la naturaleza, que se llama Remedios Martínez.

¿Que cómo toca ese genio de la música, ese lindo *monigote* de diez años? Ponderando la dulzura de la lengua italiana, ha dicho alguien, que si los ángeles pudieran hablar, hablarían en italiano. Salvando la irreverencia del símil, digo yo, que si los ángeles se sentaran al piano, tocarían... como ese *angelito* de ojos negros, que electriza y subyuga con su arte.

Cuando sus manecitas nerviosas y ágiles, sonrosadas y pulcras, corren y saltan sobre las teclas del piano, el genio de la música surge entre las hendiduras del marfil y ríe y llora, brama y suspira, gime y canta...

Cuantos tuvimos la fortuna de escucharla, recordaremos siempre aquella tarde en que una gentil muñeca puso, sobre la tiniebla del vivir cotidiano, el rayo de luz de su arte prodigioso.

---

400 PERFECTO CABALLERO, "La niña prodigio. Remedios Martínez", *El Andarax*, 24 enero 1915, p. 1; "La niña prodigio. Remedios Martínez", *CM*, 28 enero 1915, p. 2.

¿La impresión, el concepto? El mío lo condenso, plagiando una frase de Kasabal a Monasterio: *hace diez años que vinieron a la tierra dos prodigios: un genio de la música, encerrado en el estuche de una morena muy guapa*[401].

Perfecto Caballero.

EN LA CASA LÓPEZ Y GRIFFO. LA NIÑA PRODIGIO REMEDIOS MARTÍNEZ[402]

Cuando anteanoche salimos de casa de los señores López y Griffo, íbamos verdaderamente anonadados, pues se nos presentó a nuestra vista un caso de los que no son corrientes.

Se trata de la niña de diez años Remedios Martínez, que ostenta, a pesar de su corta edad, el certificado de haber aprobado en el Conservatorio de Madrid, con la nota de sobresaliente, desde el primer año de solfeo al octavo de piano; esto es, posee el título de Profesora de Piano, adquirido en dos años.

Nos encantó durante más de dos horas haciéndonos oír a los clásicos de irreprochable manera, pero donde nuestro entusiasmo subió, fue al escuchar la segunda Rapsodia de Liszt, obra que por ser muy conocida, aún los ignorantes la sabemos de memoria; hay que tener en cuenta que Remeditos, dada la pequeñez de su mano, solo alcanza bien las quintas; las sextas las coge ya con dificultad y por tanto no hay que hablar de las octavas, las cuales no sabemos cómo hace.

Hay en ella algo de instintivo que no se aprende, y es que ha nacido para ser artista; la música la lee con rara perfección, hasta el extremo de tocar a primera vista obras como la Cracorrome

---

401 La frase original: "Aquel año llegaron juntos la primavera y un genio", aparece en el obituario que el periodista y político José Gutiérrez Abascal «Kasabal» (1852-1907) dedicó al insigne violinista Jesús de Monasterio (1836-1903). Se refiere al nacimiento de Monasterio el 21 de marzo en Potes (Santander), "y al adornarse con flores los valles encantadores de la tierruca, celebraban el nacimiento del que había de ganar tantos laureles". Kasabal, "Jesús de Monasterio", *HM*, 30 septiembre 1903, p. 1. El autor compara así a Remedios Martínez con el que fue un gran niño prodigio del violín de carrera internacional.

402 "La niña prodigio Remedios Martínez", *CM*, 20 enero 1915, p. 1.

Fantástico de Paderewski, de muchas dificultades, aún para los profesionales acostumbrados a leer.

Dentro de algunos días, el próximo domingo, la veremos en el Casino, y recomendamos a los buenos aficionados no dejen de ver a esta portentosa niña, que indudablemente dará días de gloria a Almería, pues podemos contarla como paisana por ser de la provincia.

Toda su familia es de Serón y sus padres D. Enrique Martínez Martínez y doña María Moreno García, han venido a nuestra capital, por hallarse el primero delicado de salud y querer pasar un par de meses entre nosotros.

Remeditos Martínez tiene varios hermanastros y un hermanito; este último, Leovigildo, parece que es otro portento musical. Está aprendiendo a tocar el violín, dirigido por su hermana, que es menor que esta, y en los cinco meses, ya ha adelantado tanto que posee los conocimientos, que en cinco cursos pueden obtenerse.

Esta precoz profesora, hay que tener en cuenta que ha hecho casi sola los estudios de su carrera, pues solo le dio lecciones de solfeo, el profesor de la banda de música de Serón.

A pesar de su corta edad, se expresa admirablemente. Nos dijo que al ir a su último examen en el Conservatorio de Madrid, conoció a Pepito Arriola el cual le hizo que tocara delante de él.

¿Y qué dijo Arriola? –le preguntamos nosotros. Y nos contó con gran ingenuidad: Llevarse las manos a la cabeza y decir que repentizaba muy bien.

Esta niña prodigio, como la hemos bautizado nosotros, está llamada a alcanzar fama y gloria mundial, pues maravilla hasta donde podrá llegar, cuando lleve de práctica otros ocho o diez años.

Todos, pues, debemos interesarnos por la suerte de esta pequeña compatriota nuestra para orillarle cuántas dificultades se le presenten.

Al oírla ejecutar con tan sencilla facilidad, el ánimo se sobrecoge, como ante una cosa extraordinaria y sobrenatural.

EN EL CASINO
EL TRIUNFO DE REMEDIOS MARTÍNEZ[403]

Brillantísimo aspecto presentaban los salones del Casino en la tarde de ayer, donde se había congregado lo más distinguido de nuestra sociedad, para oír el programa que nos ofrecía la pequeña y genial artista Remeditos Martínez.

Solo diez años, como saben nuestros lectores, cuenta, y ya puede considerarse incluida entre el número de las predestinadas a la gloria, por las muchas y soberanas condiciones artísticas que en ella se encierran. Bien lo demostró ante la numerosa concurrencia que la escuchaba. Ni el lujo del lugar en que se veía, para ella bien desconocido, ni los elegantes y ricos atavíos de las damas, ni el exceso de luz, impresionaron su adolescente imaginación, para que ejecutase las difíciles y selectas piezas, con una precisión, un gusto y una seguridad, que arrancaron frenéticas demostraciones de entusiasmo.

Triunfó Remedios Martínez, porque nació para ello, y porque fue dotada de esa luminosa inspiración que caracteriza al genio. Para ella quisiera expresar con mi pluma todas las emociones que desde que la conozco embargan mi espíritu, pero carezco de las condiciones que para comprenderla se necesita; Remeditos vaga por donde mi inteligencia no llegará nunca, y por ello, con decir que la admiro y que ambiciono sean interminables sus glorias, creo queda dicho muy poco, pero todo lo que yo puedo de esta artista.

Rebosantes de luz y alegría estaban los salones, en los que vi a las señoras de Juaristi, de Montejo, de Quesada, de Carballido, de Jiménez de la Plata, de Talavera, de Cordero, de Pineda, de Herránz, de Orozco, de Ledesma, de Durbán, de Moya Angeles, de Giménez, de Torrella, de Cassinello, de Pérez Cordero, de Camelia, de Torres-Hoyos, de Paniagua, de Padrón, de Martínez, de Romero, de Casa Fiqueras, de Esteban, de Jover, de Longo, de Pérez

---

403 DANDY, "En el Casino. El triunfo de Remedios Martínez", *LI*, 25 enero 1915, p. 1.

246

Cano, de Campana, de Seijas, de Fornovi, de Viciana, de Lussnigg, de Fernández Palacios, de Millán, de Gil, de Arias, de Guillén, y muchísimas más que es imposible recordar por la confusión que producía tan enorme auditorio.

De señoritas recuerdo a Carmen Gallardo, María y Antonia Quesada; Esther, Pepita, Isabel y Africa Carballido; María Jiménez de la Plata, Ángela, Lola y Pepita Cassinello; Cristina, María y Blanquita Pinots; María González, Lola Martínez, Fernanda Roda, Gloria Verdejo, Magdalena y Pepita Torres Hoyos, Pepita y Eloisa Fornovi; Carolina Canals, Ventura Gil, Angelita Berjón, María Lacal, Amalita Orozco, Mercedes Pastor, Carmen y Lola Melián, Emilia Rabadán, Pepita Rubira, Carmen y Pepita Fernández Burgos, Consuelo y Luisa Ramírez, Mercedes y Concha Bertos, Inocencia Estevan, Nieves gil, Lola Mingo, Soledad Godoy, Agustina Lafuente, Antonia Pie, Isabel Campillos, Mercedes Romay, Amparo Vigné, Eloisa y María Burgos, Carmencita Escudero, Carmencita Bosco e infinidad que se hace difícil recordar.

De ellos asistían en su totalidad personalidades de carácter oficial, clase pudiente y lucida representación del elemento joven.

Al terminar el concierto, fue obsequiada Remeditos por la Junta Directiva del Casino con un sobre que contenía espléndida cantidad, y un precioso bolso de ricos bombones.

Un aplauso merecido a los organizadores de tan culta y agradable fiesta, a la Junta del Casino, rumbosa como siempre y a estos desinteresados favorecedores de Remeditos, que no han regateado trabajos para que la artista fuera conocida de nosotros.

Salieron satisfechísimos los concurrentes al concierto y deseando se repitan con más frecuencia acontecimientos como éste.

Ahora, espero que el Presidente de la Diputación prestará la cooperación que prometió para que la preciosa artista sea pensionada.

Dandy.

EN EL CASINO[404]

La niña prodigio, la genial Remedios Martínez, que tiene asombrados con sus diez años de edad y su raro talento musical, a cuantos la escuchan, hizo ayer su presentación oficial en el Casino.

Es esta sociedad acogedora de toda idea plausible, de todo cuanto significa arte, y no podía por menos, al enterarse que la precoz pianista y comprovinciana nuestra orla ya su cabeza con laureles, de rendir su entusiasmo y presentarla a la sociedad distinguida almeriense.

Esa niñita, de ojos negros, donde el genio ha imprimido en sus pupilas las llamaradas, que vestidita de blanco tomaba por primera vez parte en un concierto, podrá en el mañana, cercano para ella, dar a su patria gloria y renombre. Por eso no es de extrañar que el Casino abriera sus salones a la diminuta artista, ya profesora, y que para admirarla y aplaudirla se reuniera lo más selecto de nuestras juveniles beldades y de nuestras damas más distinguidas.

Con una naturalidad asombrosa, sentóse al piano, marca de López y Griffo, cedido galantemente por un admirador de la gentil niña Remeditos Martínez, y como la que ha llegado a dominar el arte, ejecutó maravillosamente el programa compuesto de difíciles sonatas y nocturnos, que solo está reservado su dominio a los grandes concertistas. La sonata XV, de Beethoven, el nocturno de Chopin, y especialmente, la «Jota Navarra», de Larregla, obra esta última llena de escollos y de dificultades, fueron ejecutadas maravillosamente, siendo aplaudidísima la encantadora niña.

Tocó admirablemente, con gran limpieza, dándole a las notas vibración, sonoridad, y toda la poesía de claros oscuros, que denotan el sentimiento y el arte aunados.

El auditorio se maravillaba, como ante algo sobrenatural, pues parece algo insólito que en dos años de estudio se puedan vencer a la edad de diez años, los grandes escollos que suponen el dominio musical que posee.

---

404 "En el Casino", *CM*, 25 enero 1915, p. 1.

248

A los insistentes aplausos del selecto auditorio, que por cierto era tan escogido como numeroso, Remeditos Martínez agregó como final de su programa «Canción sin palabras», de Tchaikovsky, que fue coreada de aplausos.

Remedios Martínez recibió muchos besos de las damas y fue obsequiada por la Junta directiva del Casino.

Terminado el concierto, las jóvenes no quisieron perder la ocasión y se lanzaron a bailar valses y rigodones hasta después de las ocho de la noche.

Es imposible citar nombres, porque anoche concurrió al Casino toda Almería. Sería una lista interminable de bellezas y elegancias.

DESDE SERÓN.
SOBRE LA NIÑA PRODIGIO Y UN PROFESOR[405]

En este mismo periódico hemos tenido el gusto de leer, días pasados, un suelto firmado por F. J. de la P., en el que muy justamente se expresa la admiración que en el público culto de Almería ha producido la genial pianista de 10 años, paisana nuestra, llamada Remeditos Martínez.

Como ha vivido entre nosotros, conocemos bien a esta simpática y preciosa artista y la hemos visto dar las primeras lecciones de solfeo. Que tiene gran talento y una predisposición especial para la música, es indudable, como asimismo ha demostrado, en cuantas ocasiones hubo, que está dotada de una precocidad maravillosa.

El que escribe estas líneas quedó extraordinariamente sorprendido viéndola ejecutar al piano, por primera vez, una obra difícil cuando aún no llevaba dos meses recibiendo lecciones. Puede, pues, asegurarse que hoy llamaría la atención en todas partes, por su gran facilidad ejecutando grandes obras de autores clásicos y por un raro acierto en la interpretación, y, además, por su tierna edad, el poco tiempo en que ha hecho la carrera de Profesora superior como alumna libre del Conservatorio y, principalmente,

---

405 MANUEL BLANQUE, "Desde Serón. Sobre la niña prodigio y un profesor", *LI*, 26 enero 1915, p. 2.

si se tiene en cuenta que ha sido educada en un medio ambiente de cultura relativamente escasa.

A propósito de esto y refiriéndose al profesor de la gran artista dice el suelto a que antes me he referido: "Como detalle curioso, refiérese que la discípula tenía que avisar al profesor para que volviese la hoja del libreto o partitura, pues él casi desconocía la música que durante las lecciones tocaba".

De sernos posible, elevemos el genio hasta el Cielo, rindamos homenaje de admiración al talento, tanto más como se nos muestra, como ahora, en una preciosa muñeca, que si la veis jugar en la calle con sus amiguitas –cosa a que es muy aficionada- lo más que suponéis de ella, antes de hablarla y conocerla es que sepa pronunciar su nombre y, en el colegio, leer las primeras letras.

Elevemos al genio, repito, pero... sin perjuicio de tercero. Poco a poco para no hacer injusticias. Todo lo que de esa prodigiosa niña se diga es débil ante lo que es en realidad. Más hay que decir algo de su profesor, con respecto de la discípula, y ese algo no es, precisamente, lo que se ha expresado en letras de molde.

Ante todo hagamos justicia, que si esa niña –que me parece una figura soñada- ha de dar brillo como astro de primera magnitud en las regiones puras del divino arte de Schubert y Mozart, no ha de ser rebajando la noble labor de los que de tanto le han servido en los primeros y aún en los últimos pasos de ese privilegiado mundo de fama y gloria.

Si el cronista del mencionado suelto ha escrito lo que ha escrito (y que, en el fondo, es lo que han dicho otros periodistas) respecto a ese profesor, será porque así le habrán informado. Y nuestra modesta opinión, en tal sentido, es que han hecho no muy bien. Sin faltar a la verdad, puede darse a cada uno lo que corresponde. Para esa niña, todo ¿todo? Se lo merece. Para el profesor... ¿nada? No; algo de ese todo, ya que él ha puesto todos sus entusiasmos, que es como decir toda su alma, en la educación musical de esa gloria... siquiera nuestra. ¡Ojalá sea mundial!

Siendo esa linda figura un prodigio, a nosotros, antes que a nadie, nos honra el que haya nacido en este suelo. Somos los primeros en sentirnos orgullosos viéndola caminar triunfante hacia la gloria. Pero aquí hay alguien que, aun cuando no sólo nada reclama sino que quisiera ver a su discípula sentada en las cimas de la Fama, tiene derecho a recoger alguna hojita de los laureles que ella pueda conquistar. La sagrada labor de su maestro nunca está recompensada. Que le digan a un maestro: "Nada tienes derecho a pedirme"; pero que no le digan jamás: "Nada me enseñaste". El profesor a que alude F. J. de la P. ha sido el profesor de solfeo de la gran pianista y lo ha sido y lo es aún de piano. Es profesor en cuanto se crean útiles sus indicaciones y sus clases, para las cuales tiene como músico autoridad indiscutible.

Se tiene el prejuicio de que en los pueblos no hay nada que valga. Ahí está esa notabilidad para demostrar todo lo contrario. Y ¡cuántas niñas y niños de pueblo no nos ha dado a conocer la Historia!...

Este profesor —y ahora (y perdóneseme) me toca hablar de él— no ha sido, ciertamente, uno de esos niños famosos; pero acaso lo hubiera podido ser. ¡Tantas inteligencias se malogran principalmente en los pueblos! Pero este profesor no es tampoco como parece deducirse del mencionado suelto. Y como no es muy decoroso lo que se manifiesta y sí algo lesivo para su reputación de artista, devoto amantísimo de la Música, además de que, por otra parte, esas informaciones, facilitadas cándida e ingenuamente, pero desagradables, envuelven en cierto modo conceptos poco envidiables por lo que atañe como profesor. Quiero expresar lo que éste me parece como músico, con lo que creeré haber realizado un deber sin que se suponga que yo trato de desfacer entuertos.

Ese músico –director de nuestra banda-, nacido en un pueblo de la provincia de Granada, era, a los catorce años, organista y director de una banda de música creada por él.

Ese profesor, que apenas conocía la música que la discípula tocaba durante las lecciones, ostenta el título de Profesor de Armonía y Composición, cuyos estudios verificó con gran brillantez en su juventud.

Ese profesor humildísimo «musicalmente hablando» (Como dice "El Día"), es autor de muy bonitas obras para piano y para banda.

Ese músico –y fíjense los profesionales- es quien en cierta ocasión, no ha mucho tiempo, oyó en un gramófono varias veces, muy pocas, una fantasía sobre motivos de «Caballería rusticana», la gran ópera de Mascagni, y la escribió y la instrumentó para banda y es una de las obras que figuran en el repertorio de la agrupación musical que dirige.

Ese profesor que, según dice un colega almeriense, sólo dio algunas lecciones de solfeo a la niña Remeditos Martínez, ha sido, y lo digo haciendo honores a la verdad, su único profesor de solfeo y piano hasta el último día que la portentosa ejecutante ha estado entre nosotros. Más aún: ese profesor que, como hemos dicho, lo es todavía de la genial pianista, de ese prodigio de 10 años que al extender sus alas quiere volar siempre hacia arriba, libre, sin dominio, ha sabido encargarse, con sumo acierto, de ceñir a la discípula al plan sistemático, metódico y lento de sus estudios.

Ese profesor le ha enseñado lo que él sabe y esa discípula ha aprendido lo que le ha enseñado el profesor. Ahora que, naturalmente, si el discípulo es un genio, pronto queda rota la relación entre éste y su profesor.

Ese profesor, músico hasta la médula, lee cuanta música, por difícil que sea, se le pueda presentar.

Nada nos importaría la tendencia de querer demostrar que esa niña se ha hecho por sí sola lo que es si en ello no viéramos menoscabada la noble tarea de un maestro que ha sentido, antes que los mismos padres de la preciosa niña, el orgullo de ayudar a dar al mundo una celebridad, pues esperamos que lo sea, y si, por otro lado, no se pusiera de manifiesto, aunque ingenuamente que ese profesor puede tener de todo menos de músico.

En cuanto a lo de que el profesor no acertase a leer la música que la niña ejecutaba durante las lecciones... creemos que huelga todo argumento. ¿Cabe esto en lo posible? ¿Qué dicen a esto quienes siquiera tienen leves nociones de lo que es la enseñanza del piano? Dejamos que sobre ello juzguen las personas de sano criterio.

Músicos muy humildes, discípulos de los peores hechos por el profesor de la notable pianista, han estado ante el piano viéndola ejecutar, por primera vez, obras de lo más difícil de su repertorio, y... le han vuelto el papel a su tiempo y no a tientas o por indicación alguna. Y si esto hace un discípulo de los peores, que si merece llamarse músico lo es mil veces menos que el profesor, puede suponerse la figura de este, como músico, sin que comprendamos por qué causa quiere dársenos a conocer como un ignorante o poco menos.

Fáltanos añadir, aun cuando esto no guarde relación alguna con lo que a sus conocimientos de profesor se refiere, que el tan mencionado señor, llamado Antonio Plaza, ha sido, él solo, constructor de un hermoso piano que guarda en su casa, y en el cual estudia y ejecuta obras con las que hemos pasado horas muy agradables.

Y nada más. Conste que no he querido hacer una apología o inventario general de los méritos de este hombre, sino reseñar ligeramente algunos hechos característicos de su labor musical y de sus conocimientos.

Un saludo a mi preciosa amiguita, la celebrada Remedios Martínez, y otro cariñoso a sus padres. Y, como todas las noches al ir a su casa, en donde pasamos ratos excelentes, le pregunto desde mi mesa de trabajo: Remeditos ¿qué tienes tan seria?

Manuel Blanque
Serón, 23 de enero de 1915

SOBRE UNA ARTISTA. UNA EXPLICACIÓN[406]

En el número correspondiente al día 26, se inserta un artículo que envía desde Serón don Manuel Blanque, y en el cual pretende poner de manifiesto la oportuna intervención, como profesor de la notable artista Remedios Martínez de don Antonio Plaza, y los méritos que como músico avalan a este.

---

406 F. J. de la P., "Sobre una artista. Una explicación", *LI*, 28 enero 1915, p. 2.

Ese artículo lo han originado las distintas informaciones de la prensa de esta capital, y muy significativamente yo en este diario, al ocuparme por primera vez de la simpática Remeditos.

Todos han dicho con más o menos claridad, y yo el primero, que la pequeña artista había carecido de profesor. Y como en el artículo del señor Blanque se me cita como uno de los ofensores al prestigio del aludido profesor, quiero hacer una aclaración, para salvar mi responsabilidad, y poner en el lugar que corresponden las indiscutibles condiciones del profesor de Remedios.

Tiene muchísima razón don Manuel Blanque al defender al indicado profesor, dándolo a conocer como maestro y guía de la genial pianista. Y con respecto a la competencia de ese señor, no solamente creo en las revelaciones que el artículo que me ocupa hace, sino que admiro la labor que ejecuta en un ambiente tan reducido, y que muy mal podría haber enseñado a su discípula ni a solfear, sin los conocimientos necesarios para ello. Una vez reconocida la justicia de lo que pretende el señor Blanque, vaya lo juzgo complacido.

Al hacer la información de la estancia de Remeditos en casa de los señores de Carballido, pregunté a los señores que la acompañaban algún dato curioso de ella, y entre varios, refirieron el ya expuesto, el cual es muy público en esta población, pues los allegados a la artista lo cuentan en todos los sitios y ocasiones, con el fin de enaltecerla más, que fue lo que me impulsó a reseñarlo, pero que conste, que no he sido el único y que obedece a una mala información.

Aclarado lo que pretendía, solo me resta hacer notar al señor Plaza, que a pesar de lo ocurrido, debe considerarse orgulloso de contar entre el número de sus discípulos a tan portentosa artista, que al recibir las glorias que merecen sus prodigiosas cualidades, dedicará un recuerdo al que fue sabio y querido maestro.

F. J. de la P.

I.3. Madrid: Premio Fin de Carrera del Conservatorio (1920)

LOS CONCURSOS DE PIANO DEL CONSERVATORIO[407]

Los primeros premios de Piano del Conservatorio habían alcanzado en los últimos años un verdadero prestigio, gracias á su limitación, que corren el riesgo de perder si los tribunales los prodigan, en perjuicio del estímulo de los alumnos distinguidos, por la benevolencia y generosidad proverbial del profesorado de este centro.

Al autorizar el reglamento vigente a los alumnos libres para concurrir a premios (el número de éstos, uno por cada clase, o sea cinco, era, en realidad, escaso), ha sido necesario solicitar de la superioridad el aumento de premios, que se ha sucedido en una forma casi ilimitada (el diez por ciento de los aprobados en cada asignatura); lo que permite abrir la mano siempre, en perjuicio, como hemos dicho, de los alumnos sobresalientes, ya que no hay un premio de selección, como debiera haber.

Y que así es, lo demuestra el número de premios, a nuestro juicio excesivo, que acaban de concederse: cinco por unanimidad y cuatro por mayoría de votos, colocados en orden de actuación, no de mérito. De ser estrictamente justos, con cinco o seis primeros premios concedidos, algunos más a las cualidades artísticas de los alumnos actuantes que a su labor durante el concurso, hubiera quedado más satisfecho el sentido de equidad; pues no se nos alcanza por qué se han concedido dos o tres primeros premios, que igualmente hubieran podido ser segundos, o viceversa.

Los alumnos oficiales y libres que más se han distinguido en los concursos del presente año han sido: las señoritas Remedios Martínez, Lutgarda Margallón, Pilar Torregrosa, Rafaela González Muñoz, Paquita Pardo y el joven Díaz Canel, un joven de grandes cualidades pero poco hecho.

Como es corriente en estos ejercicios, las discípulas de Pilar F. de la Mora, Remedios Martínez y Lutgarda Margallón, han fi-

---

407 ROGELIO VILLAR, "Los concursos de piano del Conservatorio", *Nuevo Mundo*, 23 julio 1920, p. 18.

gurado en primer término, tanto por la perfección de su técnica como por el acierto en la interpretación de las Variaciones Serias, de Mendelssohn, que era la obra de concurso.

La actuación de las dos pianistas produjo en el tribunal y en el público una impresión de arte superior y muy diferente en calidad a la que causaron sus compañeros. Y es que la ilustre profesora trabaja de una manera desacostumbrada entre nosotros: su arte y su entusiasmo, cuando encuentra ocasión de manifestarse, no tiene límites, siendo digno del elogio del público. Los discípulos de la señora Mora se distinguen por la belleza del sonido, por las interpretaciones atrayentes, de gran interés, y por la preparación. No se le escapa detalle de matiz y de dicción.

Las cualidades artísticas de Remedios Martínez, que más que una alumna aventajada es ya una artista, sobreponen el nivel corriente. Hizo primores de interpretación en las difíciles Variaciones, de Paganini-Brahms, ejecutadas con un dominio absoluto de mecanismo del piano; y como posee un temperamento de primer orden: sensibilidad, comprensión y musicalidad, la está reservado el porvenir y la fama de otros condiscípulos suyos notabilísimos, actualmente concertistas, del mérito de Cubiles y Lucas Moreno.

Lutgarda Margallón también será una pianista distinguidísima, si continúa trabajando con el aprovechamiento que ha demostrado en estos concursos. Hasta que ella actuó, no habíamos oído una interpretación acertada y artística de las *Variaciones*, de Mendelssohn. Tocó como obra elegida el *Allegro de concierto*, de Schumann, que interpretó admirablemente.

Solo por la costumbre, más que por razones pedagógicas, creemos nosotros subsiste el anacrónico ejercicio de lectura. ¿Qué razones hay para no suprimirle *en todos los concursos*, ya que existe una clase de esta asignatura regentada por un artista tan culto como José María Guervós? Porque de aprobarse la lectura en la clase del Sr. Guervós, huelga el volver a leer en los concursos. —R. V.

LA MÚSICA Y LOS MÚSICOS.
EL DÍA DE SANTA CECILIA. EN EL CONSERVATORIO[408]

Con extraordinaria brillantez se celebró anteayer tarde en el Conservatorio el solemne reparto de diplomas a los alumnos premiados en el pasado curso. En la mesa presidencial acompañaban al Sr. Bretón los señores Bordas, Guervós, Comba y Fañanas, asistiendo la mayoría del Claustro y el director general de Bellas Artes, Sr. Leániz, que ocupó una tribuna.

Inició el programa la clase de conjunto que, dirigida por su profesor el maestro Saco del Valle, tocó la «suite Algerienne» de Saint-Saëns. Después don Manuel Serrano, primer premio de clarinete, tocó dos obras de Yuste y Stark, y la alumna de la eminente profesora de piano, doña Pilar Fernández de la Mora, Srta. Remedios Martínez, que obtuvo primer premio ejecutó el «Adagio» de Schubert y una «Rapsodia» de Liszt, con tal perfección que más que alumna parecía maestra consumada. El Sr. Senén, premio Sarasate y discípulo del maestro Bordas, verdadero acaparador de alumnos sobresalientes, tocó muy bien la difícil sonata de Tartini «El trino del diablo» haciendo resaltar su depurada agilidad y su gran dominio en la complicada cadencia de Kreisler.

La señorita María Torregrosa, premio de piano; el Sr. Zubizarreta, premio de órgano, y los alumnos premiados de Solfeo de la clase de doña Matilde Torregrosa, completaron la parte musical del programa, que terminó con el entremés, de Parellada, "De pesca, que interpretó con acierto la señorita Inés Pérez, premio de Declamación, y el monólogo "La huelga de los herreros", en el que el Sr. Briones, discípulo de D. Ceferino Palencia y primer premio de Declamación, consiguió una calurosa ovación por su fino instinto dramático y sus condiciones excepcionales.

Para todos los alumnos hubo entusiastas aplausos y efusivas felicitaciones, así como para el profesorado, que ha sabido formar tan excelente plantel de noveles artistas.

---

408 JOSÉ FORNS, "La música y los músicos. El día de Santa Cecilia. En el Conservatorio", *HM*, 24 noviembre 1920, p. 3.

Al final el Sr. Bretón leyó un discurso-Memoria, dedicando frases de elogio a los profesores jubilados, ensalzando muy especialmente la labor del maestro don Emilio Serrano, ilustre catedrático de Composición que tanto ha trabajado por el florecimiento del arte nacional, y seguidamente se verificó el reparto de premios a los alumnos cuya lista publicamos a su debido tiempo.

I.4. Málaga: el Premio Barranco (1925)

NOTAS MUSICALES.
EN LA FILARMÓNICA. PREMIO BARRANCO[409]

El domingo anterior terminaron las interesantísimas oposiciones convocadas para la adjudicación del Premio Barranco, y hubo de precisar en virtud del crecido número de opositores, dividir los ejercicios en tres días consecutivos, reservando, como era natural, la sesión más animada, la correspondiente al sábado, en que cada candidato a la codiciada recompensa interpretó una obra a su libre elección, lo que permitiera al selecto auditorio saborear una variada literatura pianística, en la que había para todos los gustos.

No quiere esto decir que las otras dos sesiones se vieran menos concurridas, ya que la primera despertaba el deseo de comparar el mérito de cada opositor, y la segunda satisfacía el interés de venir en conocimiento de quién era el ejecutante agraciado.

A la sesión de clausura asistieron el gobernador, y el señor Masó, en representación del alcalde.

Quehaceres ineludibles obligaron al señor Cano Ortega a ausentarse, antes de terminar el acto, por exigir su presencia asuntos de carácter oficial, pero no quiso hacerlo sin dirigir la palabra al distinguido concurso, para congratularse de la fiesta artística que se celebraba, reveladora de una labor educativa estimabilísima, como obra social, que impulsa a la raza hacia un grado máximo

---

409 E. DEL P., "Notas musicales. En la Filarmónica. Premio Barranco", *LUM*, 30 septiembre 1925, p. 12.

258

de perfección espiritual. Saludó a los opositores y avanzó su más cumplida enhorabuena para el pianista triunfador.

Abandonó el gobernador la sala, entre aplausos de los asistentes, y acompañado hasta la puerta por la Directiva que presidía.

Reanudado el acto, finalizó, a poco, el ejercicio que se practicaba y seguidamente congregóse el Tribunal en absoluto aislamiento, deliberando sus componentes con aquella serenidad de juicio que demandaba su alta y justiciera misión.

Los breves instantes que precedieron a la publicación del fallo, fueron minutos mortales en que se cambiaban ansiedades y esperanzas. Antes de ofrecer a los lectores las notas finales de esta información, anunciaremos que a vista de los lucidísimos ejercicios practicados por algunos opositores, varios señores socios de la Filarmónica acordaron improvisar un accésit de quinientas pesetas.

Vueltos al estrado magistrados y patronos, el Secretario, señor Lomeña, dio lectura del fallo dictado por el Tribunal y que sanciona el Patronato, por el que se adjudica el premio de dos mil pesetas y el piano Sigma, a tal fin donado por el industrial don Juan López, a la señora doña Remedios Martínez Moreno, de Serón (provincia de Almería); y el accésit de quinientas pesetas a la señorita Josefa Bustamante Garcés, de Granada.

La lectura de los premios fue acogida con grandes aplausos.

Nos es grato proclamar, y así se reconocía de público, que el fallo de los juzgadores ha respondido a dictados de la conciencia, sin que intervinieran en su ánimo y decisión presiones de ningún carácter, siendo los primeros en robustecer la autonomía del Tribunal, los miembros del Patronato, que deslindaron las funciones respectivas, para la total independencia de los jueces.

Como detalles complementarios a este trabajo diremos que la señora Martínez Moreno, así en la obra obligada como en la de su elección, que fue "Variaciones" de Brahms —el de la sencillez homérica y mano de obra (workmanship) admirable—, estuvo magistral, acusando su labor dominio del instrumento, mecanismo sorprendente, seguridad absoluta y conocimiento de los resortes para producir impresiones de color delicado.

También la señorita Bustamante Garcés se mostró feliz en la versión de las «Variaciones serias» de Mendelssohn, y en la «Sonata en fa» de Beethoven -¡heroica brilla su soberbia testa!- aunque de esta última obra solo interpretó el primer tiempo, haciendo vibrar con energía el tema característico del «Allegro Assai».

Olvidábamos decir que en el fallo de referencia se establece dirigir especial felicitación a los opositores señoritas María Manuela y María del Carmen Oniga Charlo, y Candelaria Malpartida, y señores Manuel Pitto Santaella, Pedro Mejías, Jorge Lindell y Ricardo Ansaldo, por su labor concienzuda.

Cerró la sesión con broche valioso un elocuente "speech" del secretario señor Lomeña, que en nombre del Patronato saludó a los opositores, declarando que la Filarmónica se enorgullecía del éxito de la oposición, en la que se revelaron aptitudes extraordinarias, acusadoras de promesas que muy pronto se convertirán en realidades.

También rindió testimonio de gratitud a cuantos acudieran a la convocatoria, y señaladamente a los forasteros, cuyas caricias de arte, frescas, sanas y redentoras, han tenido aquí la más cordial acogida.

Proclamó, que en la contienda celebrada no hubo ni vencedores ni vencidos, si es que tenemos presente las palabras de Víctor Hugo: «El arte supremo es la región de los iguales». Y terminó enalteciendo la memoria del llorado músico José Barranco Bosch —cuyo retrato ocupaba en el estrado puesto de honor— para quien pidió el tributo de un aplauso en signo de perdurable recordación.

El Senado, en pie, mantuvo el aplauso largo rato.

Finalizada la sesión, cruzáronse en la sala numerosas felicitaciones, recibiendo muchas y muy legítimas las señoritas de Oniga, aventajadísimas pianistas; discípulas, en Ronda, de la notable profesora Sra. Luengo, hermana de nuestra distinguida amiga doña Suceso, ilustre profesora de esta Normal de Maestras.

Entretanto, la Directiva agasajaba al Tribunal, opositores laureados y a cuantos acudieron a la Secretaría para cumplimentar a los actuantes, con pastas, dulces, vinos y licores, haciendo atentamente los honores de la casa el Presidente, Secretario y Vocales de la Junta.

La Sociedad Filarmónica marcará, seguramente esta fecha, con piedra blanca, en los fastos de su brillante historia.

E. del P.

II. Relación de participantes en el Premio Barranco (1925)[410]

Nº	Nombre	Edad	Población	Obra libre
1	Srta. Mº Josefa Bononato y Elberto	15	Jerez	Liszt, Rapsodia Húngara nº11
2	Srta. Eleonora Thies Ruiz	20	Málaga	Liszt, Rapsodia Húngara nº11
3	Srta. Manuela Oniga Charlo	19	Ronda	Liszt, La Campanella
4	D. Manuel Pitto Santa Olalla	24	Málaga	Shubert-Tausig, Marcha Militar
5	Srta. Mercedes Cabello Sabio	18	Málaga	Chopin, Polonesa Militar
6	Srta. Candelaria Malpartida Astor	21	Granada	Liszt, Rapsodia Húngara nº13
7	Srta. Ana Gimeno Fuster	20	Sevilla	Ravel, Sonatina
8	Srta. Luisa Sánchez Alonso	20	Málaga	Beethoven, Sonata nº 23
9	D. José Muñoz Molleda	22	La Línea	Chopin, Polonesa en La bemol
10	Srta. Carmen Gómez Nieto	20	Melilla	Beethoven, Sonata nº 23
11	D. Manuel Álvarez Peralto	18	Sevilla	Liszt, Rapsodia Húngara nº5
12	Srta. Mª de los Ángeles Herrero Contreras	16	Ceuta	Liszt, Un suspiro (estudio)
13	Dª Remedios Martínez Moreno	22	Serón (Almería)	Brahms, Variaciones
14	D. Ricardo Ansaldo Sevillano	21	Málaga	Bach, Concierto italiano
15	Srta. Mª del Carmen Oniga Charlo	23	Ronda	Liszt, Rapsodia Húngara nº12
16	D. Pedro Megías Martínez	24	Málaga	Beethoven, Sonata nº 8
17	D. Jorge Lindell Fernández	23	Málaga	Beethoven, Sonata 14
18	D. Francisco García Carrillo	18	Granada	Chopin, Polonesa en La bemol
19	Srta. Encarnación Castro de la Peña	20	Cádiz	Schumann, Allegro
20	Srta. Josefa Bustamante Garés	17	Granada	Beethoven, Sonata nº 23 (1er. tiempo)
np	Srta. Carmen Lindell Fernández		Málaga	

---

410 Premio Barranco. Documentación. AHPMA Caja 74665.

262

III. Acta del Jurado del Premio Barranco (1925)[411]

Sociedad Filarmónica de Málaga
Real Conservatorio de Música "María Cristina"
Acta del Jurado de Oposiciones al
"Premio Barranco"

En la Ciudad de Málaga a veintisiete de septiembre de mil novecientos veinticinco, los que suscriben: D. Manuel Fernández Benítez, Presidente de este Tribunal como Director técnico de la Sociedad Filarmónica y Real Conservatorio de Música "María Cristina" de esta Ciudad; los Vocales Dª Isabel Boigas de Dominguez, Profesora numeraria de este conservatorio, la Excma. Sra. Marquesa de Valdecañas, Doña Kathe Graemez de Lazarraga, D. Eduardo Soria García, D. Modesto Gracia Francés y como secretario D. Francisco Buzo Moreno; asistiendo también los vocales suplentes Dª Vera Blackstone de Mérida y D. Sebastián Cabezas Ramos que firman igualmente este documento, tienen el honor de comunicar a la digna Junta Directiva de estos Centros, como Patronos de la "Fundación Barranco" el resultado de la deliberación habida a la terminación del acto público y dicen:

Que proponen para que se conceda el Premio de esta Fundación, consistente en dos mil pesetas efectivas, con más un piano vertical marca "Sigma" cedido a este fin por D. Juan López del Pino, a la opositora Dª Remedios Martínez Moreno, de Rodríguez, de Serón (Almería) y el Accésit de quinientas pesetas efectivas a la Señorita Dª Josefa Bustamante Garés, de Granada.

Otro sí que dicen: que se feliciten especialmente, por la brillantez con que han realizado sus ejercicios a los opositores, Señoritas María Manuela Oniga Charlo, María del Carmen Oniga Charlo, Candelaria Malpartida Astor, D. Manuel Pitto SAnta olalla, D. José Muñoz Molleda, D. Pedro Megías Martínez, D. Jorge Lin-

---

411 *Acta del Jurado de oposiciones al Premio Barranco. Málaga, 27 septiembre 1925.* AHPMA Caja 74665.

dell Fernández y D. Ricardo Ansaldo Sevillano; con lo cual dan por terminada la misión que les fue conferida.

M. Fernández Benitez
Mª Vera Blackstone de Merida
La Marquesa de Valdecañas
Isabel Boigas de Domínguez
Modesto Gracia Francés
Eduardo Soria
Francisco Buzo Moreno
Sebastián Cabezas
K. G. de Lazarraga.

IV. Plantilla de la Banda Municipal de Serón (1933)

Nombramiento de los Sres. Músicos que componen esta Banda Municipal[412].

Por el Concejal Delegado se manifiesta que de acuerdo con la comisión de disciplina de esta Banda se ha procedido a examinar las solicitudes presentadas y clasificar por categorías a cada uno de los solicitantes, habiendo quedado constituida esta Banda como á continuación se relaciona: [Relación página siguiente]

El Sr. Concejal Delegado expone que ha convenido con los músicos que los nombramientos se hagan como ya se indica con la antigüedad de 1º de enero del año actual a excepción de aquellos que hayan entrado nuevos y con la condición de dar por liquidado todo lo que este Ayuntamiento puede deberles por las distintas veces que han tocado a requerimiento de esta Alcaldía. El Ayuntamiento por unanimidad acuerda aprobar en todas sus partes lo actuado por el Concejal encargado de esta Banda de Música y que por la Alcaldía se extiendan las credenciales que les acrediten su condición.

---

412 Sesión ordinaria, 28 mayo 1933. AMS, LASA 1932. Fol. 51r.

Nombre	Instrumento	Cat.	Sueldo (ptas.)	Antigüedad
Francisco Cano Quesada	Clarinete	1ª	225	1-1-1933
José Jiménez Vergara	Clarinete	1ª	225	1-1-1933
Juan Herrerías Castaño	Bombardino	1ª	225	1-1-1933
Antonio Martínez Jiménez	Bajo	1ª	225	1-1-1933
Enrique Torreblanca Pérez	Fliscorno	1ª	225	1-1-1933
Francisco Torreblanca Pérez	Batería	1ª	225	1-1-1933
Francisco Verdonés Borrás	Clarinete	2ª	175	1-1-1933
Emilio Franco Aranda	Clarinete	2ª	175	1-1-1933
Flavio Martínez Miralles	Requinto y Oboe	2ª	175	1-1-1933
José Arnedos Ortega	Saxofón	2ª	175	1-1-1933
Luis Domene Arnedos	Bombardino	2ª	175	1-1-1933
Luis Pérez Castaño	Bajo	2ª	175	1-1-1933
Eusebio Torreblanca Jiménez	Trombón	2ª	175	1-1-1933
José Torreblanca Sorroche	Flauta y Flautín	2ª	175	1-1-1933
Antonio Plaza Gallardo	Clarinete	3ª	125	1-1-1933
José Verdonés Borrás	Clarinete	3ª	125	1-1-1933
Antonio Plaza Pérez	Trombón	3ª	125	1-1-1933
José Ávila Prados	Saxofón	3ª	125	1-5-1933
Antonio Navarro	Trompa	3ª	125	1-1-1933
Pedro Martínez Pérez	Fliscorno	3ª	125	1-1-1933
Diego Pérez Cano	Trompeta	3ª	125	1-1-1933
Epifanio Fernández Pozo	Flauta	3ª	125	1-1-1933
Francisco Rubio Rubio	Platillero	especial	100	1-1-1933
Luis Reina Lloret	Platillero y mandadero	especial	100	1-1-1933

V. Suscripción abierta para socorrer a las familias de las víctimas del criminal bombardeo (1937)[413]

Suma anterior: 24.401'20

Relación de las Entidades y particulares del pueblo de Serón que han dado cantidades para allegar recursos a los familiares del criminal bombardeo de que fue víctima Almería, por la escuadra alemana:

Agrupación de Izquierda Republicana, 90 pesetas; Sindicato Único de Oficios Varios, C.N.T, 50; Federación comarcal Sindicatos Únicos, C.N.T., 25; Ayuntamiento de Serón, 50; Sociedad de oficios varios, UGT, 25; Juan Fernández Rodríguez, Juez Municipal, 5; Francisco Jiménez Pérez, secretario Juzgado Municipal, 5; Ignacio Gavarrón, fiscal municipal, 5; José Jiménez Nieto, alguacil juzgado municipal, 5; Emilio Cruz Herrerías, 10; Francisco Camenforte Vergara, 10; Rafael Martínez Cano, 5; Antonio Pérez Domene, 25; Alfredo Pérez Domene, 50; Rogelio Martínez Cano, 25; Ángel Fernández Cano, 1; Dolores Pozo Ferriz, 5; Luis García Martínez, 5: Juan Pérez Borja, 3; Lucio Jiménez Pérez, 5; Juan Jiménez Pérez, 10; José Rodríguez Pérez, 10; José Martínez Domene, 5; Leovigildo Sánchez Mora, 5; Antonio García Fernández, 15, Rafael Membrive Martínez, 5; Francisco Jiménez Cano, 5; Francisco Torreblanca Pérez, 1; Julio Torreblanca Martín Serrano, 2; Pedro Cano Cano, 5; Emilio Martínez García, 5;

Total 472 pesetas.

Total recaudado: 24.878'20 ptas.

---

413 "Suscripción abierta para socorrer a las familias de las víctimas del criminal bombardeo", *¡Adelante!*, 21 julio 1937, p. 2.

VI. Donación al Ayuntamiento de una máquina de cine sonoro (1940) [414]

El Sr. Alcalde dio cuenta a la Municipalidad de un escrito que le fue presentado en 5 de diciembre último y que por olvido no dio cuenta en su día, por el que los vecinos de esa D. Lucio Jiménez Pérez, D. Francisco Martínez García, D. José Rodríguez Pérez, D. Antonio García Fernández, D. Antonio Pérez Domene, D. José Martínez Domene, D. José Membrive Martínez y D. Juan Francisco Cano Manzanares, manifiestan que durante la dominación marxista hicieron la aportación necesaria para la adquisición de una máquina de cine sonoro, amortizándose lo que faltaba por pagar con el producto obtenido en las funciones que en esta localidad se dieron y que como el edificio donde está instalada la máquina es propiedad del municipio, con el fin de que este cuente con un nuevo ingreso, habían acordado hacer donación de la misma al Ayuntamiento en las siguientes condiciones: 1ª El Ayuntamiento explotará por su cuenta el cine y en el caso que considere oportuno el arrendamiento para su explotación nos lo comunicará por si alguno de los donantes nos conviniere explotar ese negocio, y para el precio del arriendo se tendrá en cuenta que para alguno de los donantes será con el 10% de descuento al canon que establezcan. 2ª Por ningún concepto el Ayuntamiento actual ni los que le puedan suceder podrán vender la máquina de cine, más aún alquilarla para otra población, es decir, que esa máquina solo puede ser explotada en esta localidad y en el caso de que por algún Ayuntamiento se intentase la venta de la máquina, quedará nula sin efecto esta donación y pasará la máquina a poder de los donantes, siendo de cuenta del Ayuntamiento todos los gastos judiciales que se produzcan por el incumplimiento del presente. Y 3º que las cantidades que tenemos aportadas importan diez y seis mil pesetas y mientras el Ayuntamiento cumpla las condiciones fijadas ni por los donantes ni por nuestros herederos

---

414 Sesión ordinaria, 4 mayo 1940. AMS. LAAS 1937-40, fols. 80r-80v.

se podrá hacer reclamación alguna al Ayuntamiento, pero sí en el caso de incumplimiento de alguna de ellas. Los Señores gestores después de consignar un reconocimiento y gratitud por el altruismo que representa la donación hecha, la aceptan con las condiciones impuestas, debiendo notificársele a los donantes este acuerdo como garantía de ello.

VII. Necrológica. La pianista Remedios Martínez[415]

En su casa de Serón ha fallecido doña Remedios Martínez Moreno, esposa del industrial don José Rodríguez Pérez.

Remedios Martínez, profesora de piano, cursó su carrera en el Conservatorio de Madrid, en el que obtuvo el premio extraordinario por aclamación. Fue discípula predilecta de aquella excepcional maestra de toda una generación, doña Pilar Fernández de la Mora, que con su maravillosa escuela y dotes personales de virtuosismo llenó toda una época en el Madrid de fines del pasado siglo y buena parte del nuestro.

Cubiles y Lucas Moreno, que fueron compañeros de Remedios Martínez, recuerdan aún con admiración a aquella chica seronense que en plena adolescencia sorprendía y arrebataba a todos con su perfecto mecanismo, su increíble memoria y estupendo sentido musical. Eran singularmente deliciosas sus interpretaciones de Chopin. Nadie dudaba entonces que nuestra paisana tenía en sus manos el talismán de la gloria.

La Mora tuvo una gran contrariedad cuando supo que Remedios Martínez abandonaba en plena juventud su carrera de éxitos para entregarse por entero a la vida familiar. Prefirió su felicidad hogareña y la educación cristiana de sus hijos, encerrando en aquel rincón serrano su arte prodigioso.

Desde entonces, como inspirada por una rara y bellísima generosidad, Remedios Martínez dedicó sus audiciones a la gente sencilla de Serón. Muchas madrugadas, los campesinos, los artesanos y mineros permanecían en vela escuchando, en religioso silencio, las interpretaciones de la gran pianista, "para ellos solos", tan lejos de las grandes salas que inútilmente la esperaban. Tenían el orgullo de "su pianista" y le agradecían sin palabras aquel regalo espléndido a costa de la propia gloria. Y adoraban en ella, además, su llaneza, su simpatía, un

---

415 [José Antonio Torreblanca], "Necrológica. La pianista Remedios Martínez", *Yugo*, 24 enero 1950, p. 3.

gran señorío espiritual y un gran talento para todas las cosas de la vida.

Serón ha llorado la muerte de su artista en una de las manifestaciones de duelo más impresionantes que se recuerdan. Joven todavía, a los cuarenta y seis años, Remedios Martínez deja mudo para siempre aquel teclado cuyas bellezas quiso entregar solo a los humildes de su pueblo natal.

VIII. La pianista[416]

... Y, de pronto, ha surgido
del silencio dormido
la risa clara de un piano. ¿Quién
despierta la velada silenciosa
para tejer con mano primorosa
la "Fantasía impromptu" de Chopin?
Plata y cristal,
la clara escala y el veloz arpegio
desgranan su oración de sortilegio
bajo el brillante techo sideral.
Se ha detenido el tiempo emocionado
a escuchar el concierto inesperado
y la redonda risa de la luna
se acaba de asomar, tan oportuna,
también para escuchar,
de puntillas, detrás del Olivar.
Tras Chopin, Scarlatti. Limpia y fina
canta su melodía la sonatina.
Después, la "Appassionata"
y una "Rapsodia húngara" de Liszt.
y "Sevilla" de Albéniz. Y remata
el concierto, tocando una sonata
de Clementi y un estudio de Schmidt.
- Pero decidme: ¿Quién
ha tocado tan bien?
- Decídmelo, por Dios ... Nadie contesta.
Yo sólo sé que he visto como llora
oculta en una esquina de la cuesta
la sombra emocionada de La Mora.

---

416 JOSÉ ANTONIO TORREBLANCA, *La Pianista*, Serón, Ms, c. 1950. ARM.

Genealogía

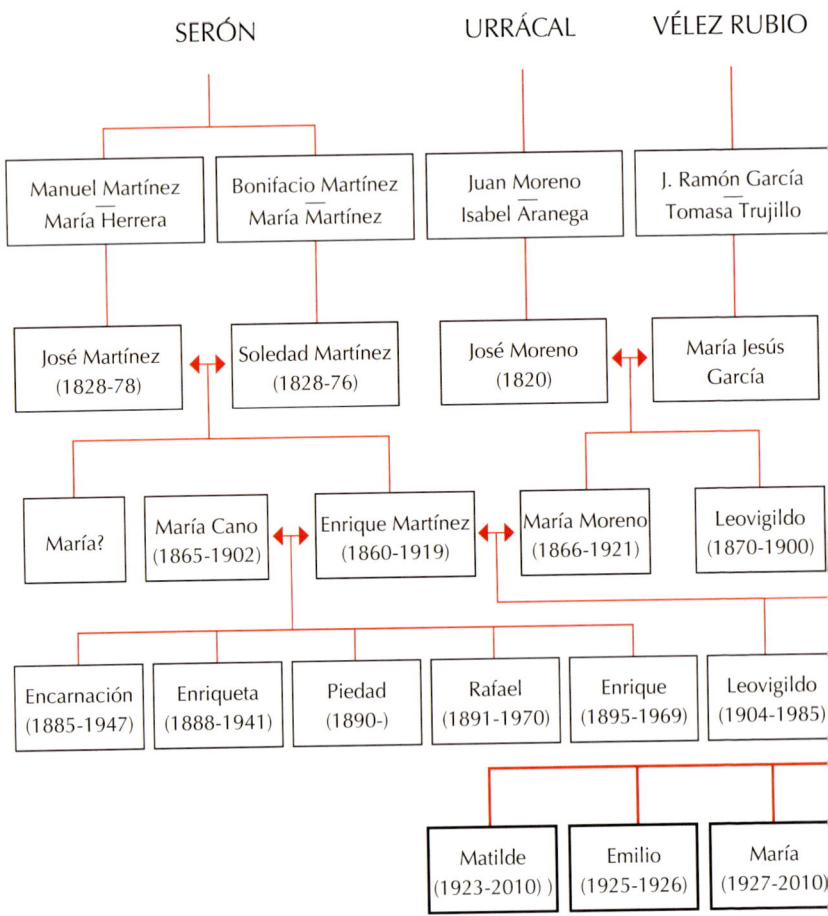

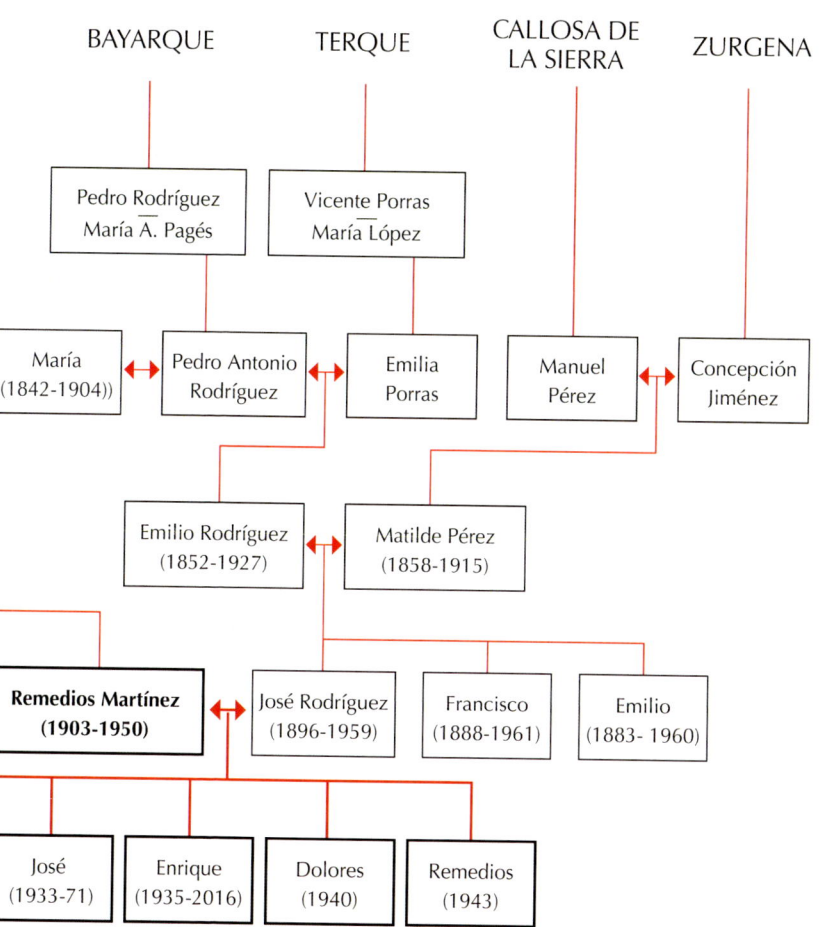

BAYARQUE TERQUE CALLOSA DE LA SIERRA ZURGENA

Pedro Rodríguez
María A. Pagés

Vicente Porras
María López

María
(1842-1904))

Pedro Antonio
Rodríguez

Emilia
Porras

Manuel
Pérez

Concepción
Jiménez

Emilio Rodríguez
(1852-1927)

Matilde Pérez
(1858-1915)

Remedios Martínez
(1903-1950)

José Rodríguez
(1896-1959)

Francisco
(1888-1961)

Emilio
(1883- 1960)

José
(1933-71)

Enrique
(1935-2016)

Dolores
(1940)

Remedios
(1943)

Cronología

1903. Nace en la calle Real de Serón (Almería) el 25 de febrero.

1907. Estudia en la Escuela de Niñas de Dª Laura de Luca Velasco.

1907. Inicia sus estudios musicales con el "Maestro Música", Antonio Plaza Herrerías.

1912. Realiza el examen de ingreso y el del primer curso de solfeo con Sobresaliente en el Conservatorio de Madrid el 20 de septiembre, "después de brillantísimos ejercicios".

1913. ¿Estudia en clases privadas con Pilar F. de la Mora en Madrid?

1913. Realiza el examen de los dos últimos años de solfeo y los tres primeros de piano con Sobresaliente en el Conservatorio de Madrid en junio "por sus excepcionales condiciones de talento, laboriosidad y facultades".

1914. Acaba la carrera de piano en Madrid. Realiza el examen de cuarto, quinto, sexto, séptimo y octavo de piano con Sobresaliente en el Conservatorio de Madrid el 22 y 23 de septiembre, "un nuevo lucero del arte, que en edad tan temprana muestra su valía extraordinaria y su mérito excelente".

1915. Concierto de presentación en los salones del Gobierno Civil de Almería el 16 de enero.

1915. Concierto en la sucursal en Almería de la Casa de Pianos "Lopez y Griffo" el 18 de enero.

1915. Triunfo en el concierto en el Salón de baile del Casino de Almería el 24 de enero.

1915. Anuncio de un concierto en el Casino de Almería el 7 de febrero (no se celebra).

1915. Continúa su formación en Madrid con Pilar F. de la Mora.

1915. Vuelve a Serón de vacaciones (12-31 agosto), regresando a Madrid en septiembre.

1916. Viajes a Madrid para recibir clases de Pilar F. de la Mora (abril).

1916. Vuelve a Serón. Mantiene correspondencia con su Maestra (mayo).

1919. Fallece su padre el 4 de junio.

1919. Reanuda sus estudios en Madrid con Pilar F. de la Mora en septiembre.

1920. Gana el Premio de Piano del Conservatorio de Madrid en junio.

1920. Recoge el Premio de Piano y el Primer Premio Pilar Mora. Participa en el concierto de premiados en la Festividad de Santa Cecilia el 22 de noviembre en Madrid.

1920. Ofrece conciertos en el Centro de Hijos de Madrid.

1921. Fallece su madre el 7 de noviembre.

1921. Contrae matrimonio a los dieciocho años con José Rodríguez Pérez (1896-1959) el 25 de diciembre.

1923. Nace su hija Matilde.

1925. Gana el Primer Premio de la Fundación Barranco (Málaga), dotado con dos mil pesetas y un piano, el 27 de septiembre.

1925. Nace su hijo Emilio el 27 de noviembre.

1926. Fallece su hijo Emilio el 23 de junio.

1927. Nace su hija María.

1933. Nace su hijo José.

1935. Nace su hijo Enrique.

1936. Se traslada al Cortijo Rodríguez en los Llanos de Pajares (a 10 Km de Serón) durante la Guerra Civil. Traslada un piano en un carro.

1939. Vuelve a Serón.

1940. Nace su hija Dolores.

1943. Nace su hija Remedios.

1949. Viaje familiar a Almería en agosto. Última fotografía.

1950. Fallece en Serón el 5 de enero.